Roger Kammer

Konfliktbewältigung bei kirchlichen Zentralisierungsprozessen

Eine empirische Exploration bei Fusionsprozessen von Kirchengemeinden der Neuapostolischen Kirche

Roger Kammer

KONFLIKTBEWÄLTIGUNG BEI KIRCHLICHEN ZENTRALISIERUNGSPROZESSEN

Eine empirische Exploration bei Fusionsprozessen von Kirchengemeinden der Neuapostolischen Kirche

ibidem-Verlag
Stuttgart

Bibliografische Information der Deutschen Nationalbibliothek
Die Deutsche Nationalbibliothek verzeichnet diese Publikation in der Deutschen Nationalbibliografie; detaillierte bibliografische Daten sind im Internet über http://dnb.d-nb.de abrufbar.

Bibliographic information published by the Deutsche Nationalbibliothek
Die Deutsche Nationalbibliothek lists this publication in the Deutsche Nationalbibliografie; detailed bibliographic data are available in the Internet at http://dnb.d-nb.de.

∞

Gedruckt auf alterungsbeständigem, säurefreien Papier
Printed on acid-free paper

ISBN-13: 978-3-8382-0379-9

Printed in Germany

Vorwort

Christliche Gemeinschaften in Westeuropa, so verschieden ihre Strukturen und Lehren auch sind, stehen vor einer gemeinsamen großen Herausforderung: Die aktuellen und die vorhersehbaren negativen Entwicklungen von Mitgliederzahlen und finanziellen Ressourcen müssen auch durch Schließung und Zusammenlegung von Gemeinden und Aufgabe von Kirchengebäuden aufgefangen werden. Diese Zentralisierungsprozesse führen zu erheblicher Unruhe bei den betroffenen Gemeindemitgliedern und zu erheblichen Konflikten innerhalb der Gemeinden und der Kirchenstrukturen. Mitglieder, deren Gemeinden geschlossen wurden, stehen oftmals vor einer innerlichen Zerreißprobe, da die von der Kirchenleitung getroffenen Entscheidungen nicht in ihr persönliches Bild der Kirche passen.

Die hier vorgelegte Arbeit beschäftigt sich mit den unterschiedlichen Konfliktarten bei den vorgenannten Prozessen und soll Antwort auf die Frage geben:

Wie verlaufen Konflikte, die im Zusammenhang mit Fusionsprozessen in der NAK entstehen, aus der Sicht betroffener Mitglieder?

Der Verfasser ist selbst Mitglied der Neuapostolischen Kirche (NAK) und hat Einblick in deren Verfassung und Zugriff auf Informationen dieser Kirche. Die Untersuchungen dieser Arbeit werden deshalb exemplarisch an ausgewählten Prozesselementen der NAK in Österreich und Deutschland durchgeführt. Die Ergebnisse dieser Arbeit sollen auch ein Beitrag des Verfassers zu einem besseren Verständnis interner Vorgänge in der NAK und zu einer möglichen Verbesserung zukünftiger Fusionsprozesse sein.

Dank

Für einen Externen, der ein Studium neben seiner beruflichen Tätigkeit beginnt und abschließt, ist eine begleitende Unterstützung unverzichtbar. Solche Unterstützung habe ich auch bei der Anfertigung dieser Arbeit von vielen Menschen erfahren, wofür ich sehr dankbar bin. Ich danke meinen Freunden für Hinweise und Hilfe bei der Literaturrecherche, für viele weiterführende Gespräche und nicht zuletzt für die abschließende Korrekturlesung.

Ich danke den ehren- und hauptamtlichen Mitarbeitern verschiedener Gebietskirchen der NAK, die mir Zugang zu kircheninternen Zahlen und Dokumenten ermöglicht haben, in vielen offenen Gesprächen Impulse für diese Arbeit gaben und die mich bei der Suche und Auswahl von Interviewpartnern unterstützten. Bewusst verzichte ich hier auf Namensnennungen.

Ganz besonderer Dank gilt den Mitgliedern der NAK, die sich in den mit mir geführten Interviews öffneten, mir tiefen Einblick in emotionsgeladene Entwicklungen gaben und mir damit großes Vertrauen entgegenbrachten.

Und nicht zuletzt danke ich meiner Frau Simone für ihre Bereitschaft, mir Raum und Zeit für das Studium und diese Arbeit zu geben, für ihre Geduld, manchen Verzicht und für alles, was sowieso nicht auf diese Seite passt.

Inhaltsverzeichnis

1 Einleitung

In dieser Arbeit werden Konflikte in der Neuapostolischen Kirche (NAK) untersucht. Konflikte, Kritik, Ärger und Aggressionen sind in der NAK Begriffe, die negativ besetzt waren und deren Existenz im Allgemeinen geleugnet oder verdrängt wurde. Empirische Untersuchungen zu diesen Problemfeldern gibt es bisher für die NAK nicht.

Wissenschaftliche Literatur über die NAK gibt es kaum, die beiden Bücher von OBST (1990 bzw. 1996) und das von SCHRÖTER (2004) - so weit relevant - sind immer noch die wesentlichen Werke wissenschaftlicher Forschung über diese Kirche. Aufsätze über die NAK in Nachschlagewerken enthalten häufig erstaunlich veraltete Informationen und eigentümlich vorgeprägte Bewertungen, z.B. bei EGGENBERGER, dessen Verweisstellen, obwohl in der Ausgabe des Jahres 2000, nicht über den Zeitraum bis 1954 hinausgehen.[1] Die kircheneigene Literatur erweist sich fast immer als deutlich Ergebnis orientiert (so ROCKENFELDER[2] oder WEINMANN[3]). Literatur anderer, im Wettbewerb stehender Konfessionen ist mit kritischem Vorbehalt zu betrachten, dabei jedoch durchaus verwendbar.[4] Berichte von verletzten und kritischen ehemaligen Mitgliedern der NAK waren bezüglich des wissenschaftlichen Fundaments der Aussagen besonders sorgfältig zu prüfen.

Bei der theoretischen Untersuchung stellte sich heraus, dass viele Strukturen, Gemeindeordnungen, Konfliktszenarien und andere für die Aufgabenstellung dieser Arbeit bedeutende Parameter in den Kirchen ähnlich sind. Besonders die Vergleichbarkeit solcher Verhältnisse zwischen den streng "*hierarchisch - papalistisch*"[5] aufgebauten Kirchen RKK und NAK ist oft erkennbar. Für die theoretische Untersuchung wurde

---

1 Eggenberger, 2000, Sp. 23311-23316

2 Rockenfelder, 1972

3 Weinmann, 1963

4 z.B. Krech, 2006, S. 347 - 367

5 Obst, 1996, S. 163

deshalb umfangreiche Literatur verwendet, die sich mit Konflikten und Konfliktbewältigungen in Kirchen ohne besondere Konfessionsbindung befasst. Jedoch bleibt die Vergleichbarkeit problematisch. Das ist durch die nur eingeschränkt mit den großen Konfessionen vergleichbare Struktur der NAK bedingt, aber auch durch traditionell geprägte Verhaltensmuster.

Die geistliche Hierarchie in der NAK ist nicht identisch mit der juristischen und diese nicht immer mit der Entscheidungsstruktur, innerhalb derer über konkrete Maßnahmen bei Zentralisierungsprozessen befunden wird. Diese Unterschiede werden jedoch von Gemeindemitgliedern oft nicht wahrgenommen, sodass die Existenz dieser parallelen Strukturen an sich schon Konflikt fördernd ist.

Fast alle Amtsträger der NAK, von der obersten Leitungsebene abgesehen, arbeiten ehrenamtlich. Die Freiheit des Ehrenamtes führt zu anderen Verhaltensweisen in Konfliktfällen als bei den christlichen Gemeinschaften, in denen im Wesentlichen hauptamtliche Amtsträger, weisungsgebunden und sozial abhängig, tätig sind.

Die empirische Untersuchung selbst wurde anhand von Interviews mit bereits von solchen Konflikten Betroffenen durchgeführt. Die Inhalte dieser Interviews wurden qualitativ ausgewertet und daraus die Ergebnisse der Arbeit abgeleitet. Auf eine sorgfältige Anonymisierung der in der Arbeit wiedergegebenen Inhalte der Interviews wurde geachtet.

Im Fokus dieser Arbeit steht der Ablauf von Konflikten, an denen Mitglieder von Kirchengemeinden, die geschlossen oder fusioniert wurden, beteiligt sind. Es sollen also Prozesse analysiert werden. Die Interviews wurden entsprechend, ohne deren narrativen Charakter einzuschränken, durch eine Abfolge erzählgenerierender Fragen von einer Ausgangssituation über den Erlebnis- und Wahrnehmungsprozess zu der Beschreibung einer Schlusssituation geführt. Dabei enthielten die teilweise sehr emotionalen und ausladenden Schilderungen der Interviewten eine Fülle von zusätzlichen Informationen. Außer der Diskussion der zentralen Forschungsfrage werden auch Hinweise zur Verbesserung zukünftiger Gemeindeschließungen in der NAK zusammengestellt, die sich aus der qualitativen Auswertung der Interviews ohne weitergehende Grundlagenforschung ergaben.

In Abschnitt 2 dieser Arbeit werden die in Kirchen und hier besonders in der NAK auftretenden Konflikte näher betrachtet. Dazu wird auch untersucht, ob sich wesentliche Parallelen zu Konflikten in anderen gesellschaftlichen Gruppierungen (Wirtschaftsbetriebe, staatliche Einrichtungen) finden.

In Abschnitt 3 werden die praktischen Grundlagen für die empirische Arbeit gelegt und die geeignete Untersuchungsmethode ermittelt.

In Abschnitt 4 wird die empirische Untersuchung in ihrem Ablauf und ihrer Auswertung beschrieben und die Ergebnisse dargestellt.

In Abschnitt 5 werden die Ergebnisse der empirischen Untersuchung sowohl in einer Einzelfallbetrachtung als auch in einer Gesamtschau diskutiert.

In Abschnitt 6 werden Handlungsempfehlungen für die NAK abgeleitet, die dazu beitragen können, zukünftige Konfliktbewältigungsprozesse im Zusammenhang mit Schließungen von Kirchengemeinden zu verbessern.

Einige zentrale Begriffe werden wie folgt verwendet:

Die Bezeichnung "**Amtsträger**" wird in dieser Arbeit für alle in ein geistliches Amt ordinierten Mitglieder verwendet.

Zentrales Amt der NAK ist der "**Apostel**". Dieses Amt gibt es in der Ausprägung "Apostel", "Bezirksapostel" und "Stammapostel". Um Irritationen zu vermeiden, werden im Text diese Amtsbezeichnungen nicht in Anführungszeichen gesetzt, sie sind jedoch immer als Amtsbezeichnungen der NAK zu verstehen.

Als "**betroffene Mitglieder**" im Sinn der im Vorwort formulierten Forschungsfrage werden die Mitglieder der NAK verstanden, deren bisherige Gemeinde aufgelöst wurde, unabhängig davon, ob es sich bei der Maßnahme um eine reine Gemeindeschließung oder um die Fusion von zwei oder mehr Gemeinden handelt. Von einer Schließung einer Kirchengemeinde sind zwar auch die Gemeinden bzw. deren Mitglieder indirekt betroffen, in die durch die Maßnahme neue Mitglieder aus der geschlossenen Kirchengemeinde kommen. Da der Zuzug und Wegzug von Mitgliedern jedoch ein regelmäßig auftretender Vorgang ist, werden diese "aufnehmenden" Gemeinden bzw. deren Mitglieder nicht den "Betroffenen" im Sinn der Forschungsfrage zugerechnet.

Die Begriffe "**Gemeinde**", "**Ortsgemeinde**" oder "**Kirchengemeinde**" werden in dieser Arbeit für jeweils eine konkrete lokale Einrichtung einer genauer bezeichneten christlichen Konfession verwendet, in der sich die Gemeindemitglieder zusammenfinden und gemeinsam organisieren. Der Begriff "Gemeinde" wird nicht gleichbedeutend mit dem Begriff "Kirche" verwendet, wie dieses in der theologischen Diskussion häufig geschieht.[6]

Mit den Begriffen "**Kirche**" oder "**die Kirche**" wird in dieser Arbeit die Gemeinschaft der mit Wasser und im Namen des dreieinigen Gottes Getauften gemeint, die in Anlehnung an die Verfassung des Ökumenischen Rates der Kirchen "*den Herrn Jesus Christus gemäß der Heiligen Schrift als Gott und Heiland bekennen und darum gemeinsam zu erfüllen trachten, wozu sie berufen sind, zur Ehre Gottes, des Vaters, des Sohnes und des Heiligen Geistes*".[7] Der Begriff ist im ganz ursprünglichen Sinn als die "*Versammlung der Gläubigen*" zu verstehen ohne jeden konfessionellen Hinweis.[8,9]

Der Begriff "Kirche" wird in der theologischen Diskussion vieldeutig, zum Teil auch ausgrenzend verwendet. Teilweise spricht eine Konfession einer anderen das "Kirche-Sein" oder zumindest das "volle Kirche-Sein" ab.[10, 11] Solche Verwendungen des Begriffes "Kirche" sind in dieser Arbeit ausgeschlossen.

---

6 z.B. bei Runia, 1998, S. 698 - 708

7 ÖRK, 2006, Verfassung Abschnitt I

8 dazu auch Dahl, 1962, Spalte 610 - 612

9 auch bei Lell, 1991, S. 105).

10 z.B. bei Leber, 2011, S. 6 – 8

11 auch in RKK, Dominus Iesus, 2000, Abschnitt IV, Ziffer 17

Wenn in dieser Arbeit eine bestimmte konfessionelle Institution oder Organisation gemeint ist, wird dieses im Text deutlich bezeichnet, wie z.B. die "römisch-katholische Kirche", die "neuapostolische Kirche" oder die "evangelisch-lutherische Kirche in Bayern".

Mit dem Begriff "**Konflikte**" werden in dieser Arbeit nicht nur die Konflikte bezeichnet, an denen zwei oder mehr Parteien beteiligt sind, sondern auch die Auseinandersetzungen, die sich nur oder zunächst im Inneren einer Person abspielen (in der Literatur auch als "innere" oder "intrapersonale" Konflikte bezeichnet). Aus eigener Erfahrung weiß der Verfasser, dass solche Konflikte in Kirchen bedeutend sind.

Aus der Sicht einer Gesamtkirche ist die Schließung einer Kirchengemeinde Teil eines **Zentralisierung**sprozesses, dezentrale Funktionseinheiten werden zusammengefasst und enger an die zentrale Leitung angebunden. Der Begriff "Zentralisierung" wird in Verlautbarungen der Kirchen oft auch synonym durch "Restrukturierung" ersetzt.

Die Begriffe "**Fusion**" bzw. "**Fusionsprozess**" beschreiben eine regionale Besonderheit in einem Zentralisierungsprozess, nämlich das Zusammenlegen von mindestens zwei vorher eigenständigen Kirchengemeinden zu einer einzigen (neuen) Gemeinde. Die Begriffe "Fusion" oder "Zusammenlegung" werden von Kirchenleitungen verwendet, um damit einerseits die Vorstellung zu beschreiben, dass bei diesem Vorgang nichts und keiner verlorengeht, und andererseits den negativ besetzt verstandenen Begriff "Schließung" zu vermeiden.

Die von der Aufgabe ihrer Kirchengemeinde betroffenen Gemeindemitglieder erleben jedoch aus ihrer Sicht zunächst eine **Schließung**, einen Verlust. Ob dieser Anfangseindruck das Erleben dauerhaft prägt, soll in dieser Arbeit untersucht werden. Es wird jedoch sorgfältig zwischen den verschiedenen Begriffen unterschieden werden.

2 Grundlagen

In einer Vorbetrachtung wird abgeklärt, ob die bei einer Schließung einer Kirchengemeinde bzw. einer Fusion mehrerer Kirchengemeinden auftretenden Konflikte bedeutende Ähnlichkeiten mit Standortschließungen anderer Institutionen aufweisen können. Auch damit wird Umfang und Richtung der theoretischen Exploration bestimmt.

2.1 Konflikte in Organisationen - ein Vergleich

Nicht nur in Kirchen, sondern auch in anderen Bereichen der Gesellschaft werden Einrichtungen, Betriebe und Niederlassungen aus ganz unterschiedlichen Gründen neu errichtet und geschlossen. Wenn in dieser Arbeit die Auswirkungen der Schließung einer Kirchengemeinde oder der Zusammenlegung mehrerer Kirchengemeinden auf die betroffenen Gemeindemitglieder untersucht werden, liegt es nahe, zunächst nach vergleichbaren Prozessen in nicht-kirchlichen Bereichen der Gesellschaft zu suchen und mögliche Erfahrungen aus solchen Vorgängen in die Arbeit einzubeziehen. Dabei wird an das Bild der "*säkularisierten und funktional ausdifferenzierten Gesellschaft*" angeknüpft.[12] Staatliche Einrichtungen, Betriebe der Wirtschaft und Kirchengemeinden können errichtet, geschlossen oder fusioniert werden. Sind solche Vorgänge für die Kernfrage dieser Arbeit vergleichbar, d.h. treten vergleichbare Konflikte auf und gibt es signifikante Ähnlichkeiten in der Art, wie diese Konflikte von den Betroffenen bewältigt werden? Dieser Frage wird in einer Voruntersuchung nachgegangen. Unter verschiedenen Aspekten werden, die Betroffenen im Fokus, diese drei Arten von Standortschließungen verglichen. Dabei wird von den Gegebenheiten der westeuropäischen demokratisch aufgebauten Gesellschaften ausgegangen. Ein Vergleich in nicht demokratisch geprägten Gesellschaftsformen würde vermutlich anders ausfallen.

---

[12] Pohl, 2003, S. 17

2.1.1 Zum Begriff "Organisation" - eine Klärung

Kirchen, Wirtschaftsunternehmen, staatliche Verwaltungsstellen und sonstige bürgernahe Einrichtungen sowie soziale, auch gemeinnützige Unternehmungen müssen sich zur Wahrnehmung ihrer Aufgaben organisieren. Es entstehen zwangsläufig mehr oder weniger strukturierte und hierarchisch aufgebaute Organisationen.

Folgt man oberflächlich den Titeln einschlägiger Literatur "*Konflikte in Organisationen*", könnte der Eindruck entstehen, Konflikte in Organisationen liefen unabhängig vom Typus der Organisation nach gleichen Mustern ab und ließen sich mit ähnlichen Mitteln vermeiden oder bewältigen.[13, 14] Jedoch stellt man bei genauerer Betrachtung fest, dass die Titel täuschen: REGNET bezieht ihre Arbeit von vornherein auf Unternehmen, wobei sie dabei profitorientierte Wirtschaftsunternehmen meint.[15] WERPERS spricht ähnlich von Organisationen, die im Wettbewerb stehen, "*bei dem es einen harten Existenzkampf zu gewinnen gilt*".[16] Unter dem Fokus dieser Arbeit stellt sich tatsächlich heraus, dass "Organisation" nicht gleich "Organisation" ist, sondern dass vielmehr fundamentale Unterschiede im Hinblick auf die hier betrachteten Konfliktszenarien zu erwarten sind.

Wirtschaftsbetriebe

Organisationen der Wirtschaft dienen einem gemeinsamen Unternehmensziel, meist letztendlich der Erzielung einer Rendite auf das eingesetzte Kapital. Die Organisation wird so aufgebaut, dass die nachgeordneten Organisationseinheiten den vorgesetzten Einheiten zuarbeiten. Diese Hierarchie ist geprägt von unterschiedlicher Verteilung der Führungsmacht. Über Macht wird zwar möglichst wenig gesprochen, sie ist jedoch bestimmend für den Aufbau einer Unternehmensorganisation,

---

13 z.B. Werktitel bei Regnet, 1992

14 auch Titel bei Werpers, 1999

15 Regnet, 1992, S.1

16 Werpers, 1999, S.1

denn sie geht einher mit der Verteilung von Verantwortlichkeiten.[17] Letztlich trägt in einer solchen Organisation derjenige die Verantwortung, der auch die entsprechende Führungsmacht besitzt.

Staatliche Einrichtungen

Ganz ähnliche Strukturen sind auch bei staatlichen Verwaltungen und sozialen Einrichtungen feststellbar, wenn auch hier das Unternehmensziel häufig nicht die Erzielung einer Rendite ist. Eine Schule, die hier als Beispiel verwendet wird, ist allerdings ein Gegenbeispiel: Der Schüler steht im Fokus der Bemühungen, Schule als Organisation ist nur Mittel zum Zweck.

Kirchengemeinden

Kirche dient, zumindest im eigentlichen Grundansatz, dem einzelnen Kirchenmitglied. Es geht darum, dem Christen ein Leben mit Gott und zu Gott hin zu ermöglichen. Auf die Aufgaben der Kirche wird unten und in Abschnitt 2.4.1 noch weiter eingegangen. Die Institution Kirche und ihre Organisation ist vom Grundauftrag dazu bestimmt, dass die übergeordneten Organisationseinheiten den unteren Einheiten zuarbeiten, damit letztlich dem einzelnen Menschen gedient wird. Das ist vom Ansatz her die exakte Umkehrung des Organisationsmodells eines Wirtschaftsunternehmens oder einer staatlichen Verwaltung.

Die Gemeinde als unterste Organisationseinheit soll nicht zum Wohl der Institution Kirche beitragen, sondern ist selbst Kirche ("ecclesiola in ecclesia" - Kirchlein in der Kirche) und Ziel kirchlicher Arbeit: "*Mit dem NT [Neuen Testament] wird sie [die Theologie] auch für die Gegenwart nicht davon abgehen dürfen, dass Gemeinde Christi auch in ihrer kleinsten, bescheidensten und geringst entwickelten Form immer K. [Kirche] ist. Mit dem NT [Neuen Testament] wird sie trotz aller begrifflichen Schwierigkeiten daran festhalten, dass in aller Vielfalt kirchlicher Gestalten und Gestaltun-*

---

17 so auch Regnet, 1992, S.100 ff. mit vielen Zitaten

gen die Einheit der K. [Kirche] dadurch gegeben bleibt, dass "die heiligen Gläubigen" da sind und "die Schäflein, die ihres Hirten Stimme hören" ".[18]

Dieser Unterschied wird sich in Konflikten, die das einzelne Kirchenmitglied mit organisatorischen Entscheidungen der Kirchenleitung hat, die es in seiner Lebensführung betreffen, zwangsläufig auf die entstehenden Emotionen und Meinungsdifferenzen auswirken, denn mit einigem Recht erwartet der Christ, dass seine Kirchenleitung ihn im Mittelpunkt ihrer Entscheidungen sieht.

Dieses Idealbild einer kirchlichen Organisation und ihrer Verhaltensweise bleibt zwar häufig nur theoretisches Wunschdenken, auch in kirchlichen Organisationen sind allzu menschliche Bedürfnisse wie Machtstreben, Eitelkeiten, Verlangen nach Anerkennung und Karriere, Sicherung von Einfluss und Erhaltung der Institution Kirche u. a. m. zu finden. Selbst in der ungewöhnlich stark durch das Ehrenamt geprägten NAK (vgl. Abschnitt 2.2.3) sind Verwaltungen und haupt- und ehrenamtliche Mitarbeiter nicht frei von solchen Bedürfnissen und Erwartungen. Dennoch bleibt festzustellen, dass das Kirchenmitglied von der Organisation Kirche ganz andere Verhaltensweisen erwartet (und erwarten kann) als ein Mitarbeiter eines Wirtschaftsunternehmens von dessen Geschäftsführung.

Zwischenergebnis:

Für den Fall der hier betrachteten Konflikte bei einer Schließung oder Fusion einer Kirchengemeinde sind andere Reaktionen und Abläufe zu erwarten als bei Schließungen von Unternehmen oder Verwaltungen. Die grundlegenden Konzeptionen zwischen diesen Institutionen sind zu verschieden. Die übergeordneten Amtsträger einer Kirche sollen sich als Gehilfen der nachgeordneten Amtsträger sehen. Besonders deutlich wird das an einer Amtsbezeichnung aller Päpste der RKK seit Gregor dem Großen[19]: Sie werden als "*servus servorum dei*", "*Diener der Diener*

---

[18] Jannasch, 2000, S. 68

[19] Papst von 590 - 604

Gottes" bezeichnet und beschreiben damit ein besonderes Amts- und Selbstverständnis.[20] Ein solches Grundverständnis steht in direktem Gegensatz zu dem in einem Wirtschaftsbetrieb.

2.1.2 Beziehungen zwischen Betroffenen und Institution

Wirtschaftsbetriebe

Die Aufgabe des Betriebes ist die "*Gewinnung, Erstellung, Bereitstellung oder Verteilung von Gütern und Dienstleistungen*".[21] Dass dabei ein ökonomisches Prinzip eingehalten wird, nämlich entweder das Betriebsziel mit möglichst geringem Ressourceneinsatz zu erreichen oder mit vorgegebenem Ressourceneinsatz ein möglichst hohes Ergebnis zu erzielen, ist Grundlage jeder erhaltungsorientierten Betriebsführung. Es wird hier der Begriff "Betrieb" benutzt, weil der Begriff "Unternehmen" bzw. "Unternehmung" in der Betriebswirtschaftlehre einengender besetzt ist und Definitionen über die Autonomie des Betriebes, die Eigentümerschaft, die Organisation und andere Faktoren enthält.[22] Grundsätzlich entscheidet der Eigentümer über den Bestand eines Betriebes. Gründe für Errichtung oder Aufgabe eines Betriebes an einem bestimmten Standort sind eine Vielzahl von betriebswirtschaftlich relevanten "Standortfaktoren" wie Verfügbarkeit von Arbeitskräften, lokales Lohnniveau, Höhe von Lohnnebenkosten, Verkehrsanbindung, Subventionen der öffentlichen Hand, Kundennähe, Nähe zu Zulieferern oder Rohstoffen, Steuergestaltung, Betriebsauflagen z.B. aus Umwelt- oder Baurecht und andere mehr.

Ein der Schließung einer Kirchengemeinde oder der Zusammenlegung mehrerer Kirchengemeinden vordergründig vergleichbarer Vorgang wäre im Wirtschaftsleben die Schließung eines Betriebes oder die Fusion zweier oder mehrerer Betriebe. Betroffene wären die Arbeitnehmer.

---

[20] dazu Andresen, 1961, Sp. 1703

[21] Bitz, 2002, S. 4

[22] so auch bei Bitz, 2002

Betrieb und Arbeitnehmer sind in einer **Vertragsgemeinschaft** verbunden. Der Arbeitnehmer erbringt eine Arbeitsleistung und erhält dafür vom Betrieb als Gegenleistung Arbeitslohn, Sachbezüge und andere vertraglich vereinbarte Leistungen. Im Wesen dieser Vertragsgemeinschaft liegt es, dass sie von beiden Vertragsparteien durch Kündigung des zugrundeliegenden Vertrages unter Einhaltung von Regeln aufgehoben werden kann. Im Regelfall wird sie durch Ablauf (Altersgrenze, zeitliche Befristung) sogar automatisch beendet.

Staatliche Einrichtungen

Der Zweck des Staates, die Staatsziele und die Aufgaben eines Staates werden von den Verfassungen der einzelnen Staaten unterschiedlich dargestellt. Hier soll aus der Bundesverfassung der Schweizerischen Eidgenossenschaft zitiert werden: "*Die Schweizerische Eidgenossenschaft schützt die Freiheit und die Rechte des Volkes und wahrt die Unabhängigkeit und die Sicherheit des Landes. Sie fördert die gemeinsame Wohlfahrt, die nachhaltige Entwicklung, den inneren Zusammenhalt und die kulturelle Vielfalt des Landes. Sie sorgt für eine möglichst große Chancengleichheit unter den Bürgerinnen und Bürgern. Sie setzt sich ein für die dauerhafte Erhaltung der natürlichen Lebensgrundlagen und für eine friedliche und gerechte internationale Ordnung*".[23]

Ähnliche, wenn auch nicht immer so konzentriert dargestellte Staatsziele werden in allen westlichen Demokratien, so z.B. in dem österreichischen Bundesverfassungsgesetz, oder im deutschen Grundgesetz verfolgt.[24]

Der Staat ist eine **Zweckgemeinschaft** von freien Bürgern, Staatsaufgaben werden gemeinsam finanziert. Die Staatsgewalt geht vom Volk aus, der einzelne Staatsbürger ist als Teil des Volkes auch Teil des Souveräns. Diese Zweckgemeinschaft muss sich organisieren. Dazu ist

---

[23] Bundesverfassung der Schweizerischen Eidgenossenschaft, 2011, Art. 2

[24] Bundesverfassungsgesetz der Republik Österreich, 2008, Art. 7 bzw. Bundesrepublik Deutschland, Grundgesetz, 2010, Art. 1-19

der Betrieb einer Verwaltung erforderlich. Der Staat kann und muss seine Verwaltung so einrichten, dass der Verwaltungszweck mit geringst möglichem Aufwand erreicht wird. In diesen Verwaltungseinrichtungen sind Arbeitnehmer tätig. Diese haben mit dem Staat eine, wie bei dem Fall der Betriebe in der freien Wirtschaft beschrieben, arbeitsvertragliche Beziehung. Auch wenn diese in der Regel ganz anders ausgestaltet ist als in der freien Wirtschaft, wäre die Schließung einer staatlichen Verwaltungseinrichtung oder die Fusion mehrerer solcher Einrichtungen für die in der betroffenen Einrichtung tätigen Arbeitnehmer zunächst wie bei einer Betriebsschließung mit dem Verlust des konkreten Arbeitsplatzes verbunden. Die entstehenden Konflikte entsprächen von der Ausgangslage her unter der Fokussierung dieser Arbeit denen, die bei der Schließung eines Betriebes entstehen. Deshalb wird diese Fallgruppe nicht gesondert betrachtet.

Im Rahmen dieser Staatsaufgaben hat der Staat jedoch auch die Verpflichtung, einige zentrale Staatsaufgaben so zu erfüllen, dass dem einzelnen Bürger die Wahrnehmung seiner Rechte ermöglicht wird. Als Beispiel für diese Arbeit wird das Recht des Staatsbürgers auf Bildung herangezogen. Dieses Recht ist als Menschenrecht in verschiedenen Konventionen der UNO verankert.[25] In der "Europäischen Konvention zum Schutz der Menschenrechte und Grundfreiheiten" ist dieses Recht auf Bildung verbindlich für die Unterzeichnerstaaten festgeschrieben.[26]

Der Staat hat also z. B. Schulen so einzurichten, dass jedes Kind Teilhabe an diesem Bildungsangebot hat. Der Staat ist im Gegensatz zu einem Unternehmer nicht völlig frei in der Wahl eines Standortes für eine Schule. Dem Recht des Einzelnen auf Bildung steht eine entsprechende Pflicht des Staates gegenüber. Diese Rechtsbeziehung ist nicht kündbar. Wenn aus den verschiedensten Gründen (z. B. Rückgang der Schülerzahlen, Schulreform) eine Schule geschlossen werden soll oder Schulen zusammengelegt werden sollen (Fusion), sind zunächst die

---

[25] z.B. in der UN-Kinderrechtskonvention (KRK), 1989, Art. 28, 29 oder in der allgemeinen Erklärung der Menschenrechte, 1948, Art. 26

[26] Konvention zum Schutze der Menschenrechte und Grundfreiheiten, 1950, Zusatzart. 2

Kinder und indirekt die Eltern betroffen. Der Staat bleibt jedoch in der Pflicht, den Betroffenen zumutbaren Zugang zu ermöglichen und hat seine Organisation entsprechend aufzubauen.

Kirchengemeinden

Kirche als Versammlung der Gläubigen[27] ist eine solidarisch finanzierte **Sinngemeinschaft**. Sie hat viele Aufgaben[28] (ausführlicher dazu in Abschnitt 2.4.1), bezogen auf die Forschungsfrage dieser Arbeit wird ihre Aufgabe abgeleitet aus dem Evangelium nach Matthäus, 28:19-20 (LÜ 84): "*Darum gehet hin und machet zu Jüngern alle Völker: Taufet sie auf den Namen des Vaters und des Sohnes und des heiligen Geistes und lehret sie halten alles, was ich euch befohlen habe.*" Kirche hat also, vergleichbar den oben erwähnten besonderen Staatsaufgaben, den Auftrag, zu den Menschen zu gehen, vor Ort präsent zu sein. Bei den Menschen soll sie predigen, Sakramente spenden, Gemeinschaft sichern und Nächstenliebe üben. Die Schließung einer Gemeinde steht also zunächst geradezu im Widerspruch zu diesem ursprünglichen Auftrag (dazu ausführlich in Abschnitt 2.4.1). Dennoch kann eine solche Maßnahme wohl aus gesamtkirchlicher Sicht begründet und notwendig sein.

Zwischen der Institution Kirche und dem Mitglied einer Gemeinde besteht keine vertragliche Beziehung, jedenfalls nicht im Sinn des Zivilrechts. Bei hierarchisch strukturierten Kirchen wie der RKK oder der in dieser Arbeit im Fokus stehenden NAK entscheiden die Kirchenleitungen über den Bestand einer Kirchengemeinde. Bei synodal strukturierten Kirchen (wie den lutherischen oder reformierten Kirchen oder anderen Freikirchen) werden solche Entscheidungen allerdings von anderen Gremien, zum Teil direkt von gewählten Gemeinderäten (Kirchenvorständen) getroffen. Vom Kirchenvolk gewählte Kirchenvorstände, Kreissynoden, Landessynoden und (in Deutschland) die Generalsynode der EKD entscheiden strukturiert auf ihrer jeweiligen Ebene, wobei eine

---

[27] "Ekklesia", so bei Küng, 1967, bes. S. 99 ff.

[28] so bei Küng, 1967, z. B. S. 14

Gemeindezusammenlegung auf Gemeindebene entschieden werden kann.[29] "*Zu den Aufgaben der Synode gehören [...] die Wahrnehmung des Haushaltsrechtes [...]*".[30] Mit diesem Recht, der Verfügung über die vorhandenen finanziellen Mittel, sind die Synoden entsprechend strukturierter Kirchen in der Lage, vom Kirchenvolk ("von unten her") legitimiert Gemeinde- und Bezirksstrukturen zu gestalten. Im Gegensatz dazu wird bei hierarchisch strukturierten Kirchen vom Diözesanbischof (RKK) oder vom Bezirksapostel (NAK) ("von oben her") entschieden und gestaltet. KÜNG hat diese unterschiedlichen Kirchenverfassungen in neueren Werken mit den Bezeichnungen "*Paradigma PIII (Römisch-katholische Papstkirche seit 11. Jh.)*" bzw. "*Paradigma P IV (Reformierte Gemeindekirchen seit 16. Jh.)*" gekennzeichnet.[31] Ausführlich zu den verschiedenen Kirchenordnungen auch bei WOLF und in einer grundsätzlichen Zusammenfassung bei ADAM & AL.[32, 33]

Zwischenergebnis:

Als wesentliches Merkmal für einen Konflikt oder die Möglichkeit eines Konfliktes wird in der Literatur immer wieder ein Interessengegensatz zwischen den Konfliktparteien genannt.[34] Interessen werden auch geprägt von Erwartungen und Vereinbarungen. Bei vertraglichen Beziehungen können die Vertragspartner erwarten, dass der jeweils Andere seine vertraglichen Pflichten einhält. Die Schließung eines Betriebes, vorausgesetzt, dass bestehende Regeln eingehalten werden, stellt keine Verletzung des bestehenden, kündbaren Vertragsverhältnisses dar. Die Schließung einer staatlichen Einrichtung, hier als Beispiel einer Schule, ist nur dann keine Verletzung der Rechte der Betroffenen bzw. der Pflichten des Staates, wenn der Staat dafür sorgt, dass das Recht auf Bil-

---

29 dazu ausführlich bei Coenen, 1962, Sp. 1255 - 1256

30 Winterhoff, 1998, S. 1952

31 Küng, 2007, Abschnitte III und IV, besonders anschaulich S. 664 - 669

32 Wolf, 2000, S. 5- 9

33 Adam & al., 2000, S. 1 - 173

34 so auch Regnet, 1992, S. 5

dung an einer anderen Schule in für den Staatsbürger zumutbarer Weise wahrgenommen werden kann. Für die Herstellung der Zumutbarkeit ist der Staat in der Bringschuld. Die Erwartungen eines Mitgliedes einer Kirchengemeinde und seine Interessen an der Existenz einer Gemeinde sind jedoch nicht auf Vereinbarungen oder einer formalisierten Bringschuld begründet. Ein möglicher Konflikt bei einer Standortschließung einer Kirchengemeinde hat unter dem Aspekt des Grundauftrages der jeweiligen Institution und der Ausprägung der Beziehung zwischen der Institution und dem Betroffenen keine mit Wirtschaftsbetrieben oder staatlichen Einrichtungen vergleichbare Ausgangsbasis.

2.1.3 Reaktionsmöglichkeiten der Betroffenen

Wirtschaftsbetriebe

Bei Ankündigung oder Durchführung der Schließung eines Betriebes haben die betroffenen Arbeitnehmer gesicherte Handlungsmöglichkeiten. Sie können über die Arbeitnehmervertretungen Druck ausüben, sie können streiken, sie können vor Gerichten gegen die mit der Maßnahme verbundenen Kündigungen oder Versetzungen klagen. Diese Arbeitnehmerrechte einzufordern ist üblich und für den Einzelnen weniger belastend. "*Konflikte in Organisationen gehören zum Alltag*".[35] Natürlich können Betroffene auch resignieren oder sich einfach nach einer anderen Arbeitsstelle umsehen.

Staatliche Einrichtungen

Soweit die Betroffenen Arbeitnehmer sind, gibt es vergleichbare Reaktionsmöglichkeiten wie bei den Betrieben. Handelt es sich jedoch um Einrichtungen wie eine Schule, haben die betroffenen Staatsbürger andere Handlungsoptionen: Sie können politischen Druck ausüben, demonstrieren, opponieren, ggf. auch vor Gerichten klagen, wenn sie sich in ihren staatsbürgerlichen Rechten beeinträchtigt sehen. Solche Hand-

---

[35] Werpers, 1999, S. 1

lungsoptionen auszuüben ist in einer Demokratie nicht nur rechtmäßig, sondern gehört zum demokratischen Leben und wird von der Gesellschaft akzeptiert.

Kirchengemeinden

Von der Schließung einer Kirchengemeinde betroffene Mitglieder können in eine andere Gemeinde derselben Konfession wechseln, auch wenn sie die Maßnahme selbst nicht billigen. Wenn sie das nicht wollen, können sie innerhalb ihrer Kirche opponieren, die Konfession wechseln, jede Kirchenmitgliedschaft aufgeben. Die letzteren Optionen sind jedoch keine allgemein akzeptierten Handlungsweisen. Für Kirche, besonders wenn sie streng hierarchisch aufgebaut ist, gilt: "*Es ist tabu, Unzufriedenheit oder eine andere Meinung auszudrücken*".[36] Diese Feststellung gilt besonders für christliche Gemeinschaften, die vom Pietismus geprägt sind oder bei denen eine ausgeprägte Normierung des inneren und äußeren Lebens Tradition hat.[37] Das ist in der NAK, wie in den Abschnitten 2.2.6 und 2.3.1 noch beschrieben werden wird, stark der Fall. "*Im kirchlichen Raum herrscht eine starke Verdrängungstendenz [bei Konflikten]*",[38] diese Wahrnehmung ist nicht auf die von MATTIOLI betrachteten Konfessionen (hauptsächlich RKK und EKD) beschränkt, sondern gilt auch in ausgeprägter Weise für die NAK.

Zwischenergebnis:

Die Ausgestaltung eines Konfliktes wird auch von den Handlungsoptionen bestimmt, die die Konfliktparteien haben. Bei der Standortschließung oder Fusion eines (Wirtschafts-) Betriebes als auch einer staatlichen Einrichtung haben Betroffene klar definierte Rechte und gesellschaftlich akzeptierte Handlungsmöglichkeiten, wenn sie mit der Maßnahme nicht einverstanden sind. Solche definierten und von der kirchli-

36 Klessmann, 1992, S.96

37 ebenda, S. 19

38 Mattioli, 2007, S. 58

chen Gemeinschaft akzeptierten Handlungsoptionen fehlen bei der Schließung oder Fusion einer Kirchengemeinde. Konflikte in der Kirche werden weniger ausgelebt als vielmehr verdrängt. Auch unter dem Aspekt der Handlungsoptionen für die Betroffenen ist die Schließung einer Kirchengemeinde also nicht mit der eines Betriebes oder einer staatlichen Einrichtung vergleichbar.

2.1.4 Verpflichtungen der Institutionen

Wirtschaftsbetriebe

Ein Betrieb hat über die aus dem Arbeitsvertrag und aus sonstigen Rechtsverhältnissen entstehenden Verpflichtungen hinaus keine zwingende Verpflichtung, den durch die Schließung betroffenen Arbeitnehmern bei der Bewältigung ihrer durch die Maßnahme entstandenen Konflikte aktiv zu helfen. Manchmal wird freiwillig eine Unterstützung bei der Suche nach einem anderen Arbeitsplatz angeboten.

Staatliche Einrichtungen

Ähnliches gilt für die Verpflichtungen des Staates bei der Schließung öffentlicher Verwaltungseinrichtungen. Hier sind in der Regel allerdings die vertraglich und gesetzlich festgelegten Verpflichtungen erheblich umfangreicher als in der freien Wirtschaft. Auf die Verpflichtungen des Staates bei z.B. der Schließung einer Schule ist schon oben eingegangen worden.

Kirchengemeinden

Eine Kirche hat einen Seelsorgeauftrag für das einzelne Mitglied und den Auftrag, christliche Gemeinschaft in den Gemeinden zu sichern. Daraus entsteht eine Verpflichtung, bei der Schließung einer Kirchengemeinde entstehende Konflikte aktiv durch Seelsorge, Beratung, aktives Eingreifen und andere Erfolg versprechende Maßnahmen schlichten und bewältigen zu helfen. Das gilt sowohl für intrapersonale Konflikte einzelner Kirchenmitglieder als auch für interpersonelle Konflikte in den Gemeinden.

Zwischenergebnis:

In der Bewältigung entstehender Konflikte können die Betroffenen im Fall der Schließung einer Kirchengemeinde die aktive Unterstützung der Kirche erwarten. Diese Erwartung kann Konflikte in ihrer Ausprägung bestimmen und unterscheidet sich grundlegend von der Erwartungshaltung der Betroffenen im Fall von andersartigen Standortschließungen.

2.1.5 Bedürfnisse der Betroffenen

Bei dem Vergleich der drei Modelle einer Standortschließung (Betrieb - staatliche Einrichtung am Beispiel einer Schule - Kirchengemeinde) werden durch die Maßnahme der Schließung vordergründig die Betroffenen in der Befriedigung ganz unterschiedlicher Grundbedürfnisse gestört.

Wirtschaftsbetriebe

Die Betriebsschließung stört das Bedürfnis nach Sicherheit (der Arbeitsplatz sichert primär Einkommen und Zukunftsgestaltung) und daneben Bedürfnisse nach Anerkennung, Wohlstand und Erfolg.

Staatliche Einrichtungen

Für die Schließung einer staatlichen Verwaltungseinheit, bei der die Betroffenen die Arbeitnehmer in dieser Einheit sind, gilt das für Wirtschaftsbetriebe Festgestellte. Die Schließung einer Schule kann die Befriedigung des Bedürfnisses nach Bildung stören, auch wenn das Kind selbst dieses Bedürfnis noch nicht realisieren mag. Für das reifere Kind und die Eltern werden möglicherweise Zukunftschancen beeinträchtigt.

Kirchengemeinden

Bei der Schließung einer Kirchengemeinde werden zunächst transzendente Bedürfnisse und solche nach Lebensziel und Sinn beeinträchtigt. Dass daneben auch die Befriedigung der Bedürfnisse nach Gemeinschaft, auch nach Anerkennung und Erfolg gestört werden kann, ist nur theoretisch von zweitrangiger Bedeutung. Tatsächlich sind solche Bedürfnisse auch in einer Kirche präsent und Konflikt auslösend oder verschärfend (dazu ausführlicher in den Abschnitten 2.2 bis 2.4). Für viele Christen ist die konkrete Kirchengemeinde jedoch auch eine emotionale Heimat, das unterscheidet eine Kirchengemeinde deutlich von der Arbeitnehmerschaft eines Betriebes oder der zeitlich begrenzten Gemeinschaft der Schüler an einer Schule. Gerade bei der NAK ist dieses Empfinden bei Älteren teilweise stark ausgeprägt (wird in Abschnitt 2.2.6 begründet), sodass der Verlust dieser konkreten Gemeinschaft ein eher psychosoziales Bedürfnis nach Geborgenheit und Zugehörigkeit berührt.

Zwischenergebnis:

Die Schließung eines Betriebes oder einer Schule oder einer Kirchengemeinde ganz berührt ganz unterschiedliche Grundbedürfnisse der Betroffenen. Es kann nicht erwartet werden, dass allfällig entstehende Konflikte in ihrer Ausprägung, ihrer Intensität und Nachwirkung vergleichbar wären. Der Verlust eines Existenz sichernden Arbeitsplatzes löst andere Ängste und Handlungsnotwendigkeiten aus als der Verlust der Zugehörigkeit zu einer bestimmten Schule, die ohnehin nur für einen sehr begrenzten Lebensabschnitt möglich wäre. Der Verlust der Zugehörigkeit zu einer konkreten Kirchengemeinde ist zunächst weder für die materielle Existenz oder Zukunft noch für die konkrete Lebens- oder Laufbahnplanung bedrohlich. Kirche bleibt grundsätzlich auch ohne konkrete Gemeinde erlebbar.

2.1.6 Ergebnis

Im Ergebnis sind die Randbedingungen für potentielle Konflikte bei Standortschließungen in der Wirtschaft, der öffentlichen Verwaltung und einer Kirche so unterschiedlich, dass im Weiteren die theoretische Untersuchung auf den Fall der Schließung oder Fusion einer Kirchengemeinde beschränkt wird. Mögliche Vergleichbarkeiten im Ablauf oder der Organisation von Schließungen oder Fusionen werden vom Verfasser zwar angenommen, sie sind jedoch nicht Gegenstand dieser Arbeit.

Allerdings ermöglicht dieser hier bewusst ausführlich dargestellte Vergleich einen ersten Einstieg in die Besonderheiten der Konflikte, die im kirchlichen Raum entstehen (können). Kirchen und Kirchengemeinden stellen sich als Gesellschaftsformen heraus, die sich im Bezug auf Kritik, Umgang mit Ärger und Aggressionen, Konflikte und Konfliktbewältigungen von den übrigen Arten der Gemeinschaftsbildung deutlich unterscheiden.

2.2 Die Neuapostolische Kirche (NAK) im Fokus dieser Arbeit

Konflikte werden auch von den Strukturen der Gruppe, aus denen die Konfliktparteien kommen, von deren Regeln, die offen oder unausgesprochen in dieser Gruppe das Verhalten ordnen (sollen) und von den unterschiedlichen Erwartungshaltungen und Persönlichkeitsstrukturen der Menschen, die sich in diesen Gruppen bewegen, bestimmt und beeinflusst. Wenn in der hier vorgelegten Arbeit Konflikte und deren Auswirkungen innerhalb der NAK untersucht werden sollen, ist es sinnvoll, zunächst einen Blick auf die soziologischen Strukturen dieser Kirche, auf deren historische Entwicklung und auf besondere systemimmanente Konfliktsituationen zu werfen. Aus dieser grundlegenden Betrachtung ergibt sich in der Zusammenführung mit der Forschungsfrage ein Rahmen für die notwendigen folgenden Arbeitsschritte. Potentielle Konfliktfelder werden identifiziert und die Untersuchung kann so fokussiert werden. Dabei werden die Betrachtungen weitgehend auf die

NAK in Deutschland und Österreich beschränkt, denn im deutschsprachigen Raum ist die NAK entstanden und gewachsen, aus dem deutschsprachigen Raum wird die weltweite NAK bis heute geleitet und hier sind die Zentralisierungsprozesse in den letzten zehn Jahren besonders signifikant.

2.2.1 Kurzer Abriss der Geschichte der NAK Deutschland/Österreich

Die geschichtliche Entwicklung der NAK und die Entwicklung des sozialen Gefüges innerhalb dieser Kirche und der Gemeinden ergeben wichtige Anhaltspunkte für mögliche Konfliktpotenziale, die in dieser Arbeit untersucht werden.[39]

Die NAK entstand etwa 1865 in Hamburg durch eine Trennung von den in England entstandenen "katholisch-apostolischen" Gemeinden.[40] Bis in die 50-er Jahre des letzten Jahrhunderts war sie im Wesentlichen im deutschen Sprachraum und in den Niederlanden verbreitet. Die in den anderen Ländern entstandenen Gemeinden (vor allem in den USA, Südamerika und Südafrika) waren häufig durch deutsche Auswanderer gegründet worden. In den letzten 50 Jahren hatte die NAK erhebliche Missionserfolge besonders in außereuropäischen Ländern. Heute hat die NAK etwa 0,5 Mio. Mitglieder in 3.300 Gemeinden in Europa, in Afrika 8,2 Mio., in Asien 1,4 Mio. und in Amerika und Australien/Ozeanien etwa 0,5 Mio. Mitglieder.[41]

In den Anfängen der NAK kamen Mitglieder und Amtsträger der NAK überwiegend aus den einfachen Schichten des Volkes: Arbeiter, Handwerker, einfache Angestellte und niedere Beamte. Der erste Hauptleiter (Stammapostel) der NAK war Bahnmeister, der nächste Landwirt, der die Kirche bis in die 60-er Jahre prägende Stammapostel BISCHOFF war gelernter Schuhmacher. Dieser soziologischen Struktur entsprechend blieben Lehre und Organisationsstrukturen einfach und

---

39 vgl. Obst, 1996, S.11-76

40 Schröter, bes. S. 256 ff.

41 NAKI, 2010, Mitgliederzahlen

auf die kirchenleitenden Ämter ausgerichtet.[42] In den letzten 50 Jahren hat sich die gesellschaftliche Struktur der Kirche (in Europa) deutlich verändert. Der jetzige Hauptleiter (Stammapostel) ist promovierter Mathematiker, viele Amtsträger haben universitäre Abschlüsse verschiedenster Art, und unter den Mitgliedern ist hoher Bildungsstand und sozialer Erfolg nicht mehr ungewöhnlich. Im Jahr 2006 stellte LEBER, Stammapostel (Hauptleiter der NAK) dazu in einem Interview über die Entwicklung in der NAK fest: "*Junge Leute sind heute auf einem Bildungsstand, der das übertrifft, was in früheren Zeiten möglich war. Demzufolge muss die Kirche Antworten geben, die in diese Zeit hineinpassen. Wir können uns nicht mehr mit Antworten zufrieden geben, die vor 20, 30 Jahren möglich waren*".[43] Dieser soziologische Wandel in der NAK, der von anderen Kirchen nicht unbemerkt blieb,[44] führt zu nicht unerheblichen Spannungen in den Gemeinden, weil die Erwartungen der jüngeren Generation an Lehre und Gemeindeleben sich häufig von denen der Älteren unterscheiden.

Die NAK ist eine christliche Kirche, die mit anderen Kirchen wesentliche Elemente der Glaubenslehre teilt. Der Glaube an den Dreieinigen Gott, die Rechtfertigung allein aus Gnade, die Heilsnotwendigkeit der Basissakramente Taufe und Abendmahl und die Erwartung ewiger Gemeinschaft mit Gott sind Grundlagen der Lehrverkündigung auch in der NAK. Die Lehre der NAK wird jedoch darüber hinaus geprägt durch die Betonung der Bedeutung des Apostelamtes (vgl. auch Abschnitt 2.2.2) und durch eine prämilleniaristische (Erwartung der Aufrichtung eines 1000-jährigen Friedensreiches) und prätribulationistische (Erwartung einer Entrückung der Gemeinde Christi vor der sog. "großen Trübsal") Auslegung der Apokalypse des Johannes.[45, 46]

---

[42] vgl. Obst, 1996, S. 11-76

[43] Leber, 2006, S. 34

[44] vgl. Fincke, 1999 und 2007

[45] vgl. Obst, 1996, S. 111-145

[46] auch bei Obst, 1990, S. 90-99

Diese Besonderheiten führen zu einer teilweise exklusiven Positionierung der NAK im Verhältnis zu anderen christlichen Kirchen. Diese Positionierung und die damit verbundenen Schwierigkeiten im ökumenischen Dialog mit anderen Kirchen führt im deutschen Sprachraum zu lehrbedingten Konflikten innerhalb der Kirche, was möglicherweise bei den in dieser Arbeit untersuchten Konfliktszenarien nicht ohne Bedeutung bleibt.[47, 48] Auf eine weitere Detaillierung dieser Problematiken wird jedoch hier verzichtet, weil sie als theologische Themen den Rahmen dieser Arbeit sprengen würden.

2.2.2 Strukturen der NAK

Aus juristischer Sicht ist die weltweite NAK dezentral aufgebaut. Die regionalen Gliedkirchen sind überwiegend juristisch selbstständige Einheiten. In Deutschland gibt es acht eigenständige Gebietskirchen, sie sind Körperschaften des öffentlichen Rechts gemäß Art. 140 Grundgesetz in Verbindung mit Art. 137 Weimarer Reichsverfassung und formal unabhängig.[49] In Österreich ist die "Neuapostolische Kirche in Österreich" eine gesetzlich anerkannte Religionsgesellschaft in Sinne des § 15 Staatsgrundgesetz vom 23.12.1867 (zuletzt geändert am 29.11.1988) mit den dort beschriebenen Rechten und Pflichten.[50] In anderen Ländern richtet sich die Struktur nach den dort geltenden Rechtsordnungen. Die Gliedkirchen werden von Aposteln bzw. Bezirksaposteln oder Kollegien aus Aposteln und Bischöfen geleitet. Gemeinsam ist ihnen allen, dass es innerhalb der jeweiligen Gliedkirche keine weiteren rechtlich selbstständigen Strukturen gibt.

Verwaltungseinheiten (hier unabhängig von juristischen Strukturen) sind im Wesentlichen: Bezirksapostelbereich, Gebietskirche, Apostelbereich, (Bischofsbereich), Bezirk, Gemeinde. Für die hier vorgelegte

---

[47] so bei Fincke, 2009

[48] auch bei Hempelmann, 2010, S. 8 - 9

[49] NAK Niedersachsen Verfassung, 1999; andere Verfassungen der Gebietskirchen der NAK in der Bundesrepublik Deutschland sind insofern inhaltsgleich

[50] NAK Österreich Verfassung, 1994, Art. 2

Arbeit sind die Funktionen eines Gemeindevorstehers und Bezirksvorstehers von Bedeutung, die im Regelfall von ehrenamtlich tätigen Amtsträgern wahrgenommen werden.

International sind die einzelnen Gliedkirchen nur über ihre leitenden Ämter verbunden. Alle Apostel sind Mitglieder der Neuapostolischen Kirche International: "*Die Neuapostolische Kirche International (NAKI) ist ein selbständiger Verein nach schweizerischem Recht. In der NAKI sind der amtierende Stammapostel und alle im aktiven Dienst der Neuapostolischen Kirche aller Länder der Erde stehenden Bezirksapostel und Apostel als Mitglieder zusammengeschlossen. Die NAKI bildet gemeinsam mit allen neuapostolischen Gebietskirchen - unter Wahrung deren rechtlicher Selbständigkeit - eine in der Lehre einheitliche, weltweit wirkende Gesamtkirche unter der Leitung des Stammapostels als ihrem obersten Geistlichen [...].*"[51]

Die NAK ist streng "hierarchisch - papalistisch in Form einer Ämterpyramide" aufgebaut.[52] Synodale Strukturen wie in den evangelischen Kirchen sind nicht vorhanden. Auch Elemente der Beteiligung wie die "Pfarrgemeinderäte" der RKK in Deutschland kennt die NAK nicht. "*Der Stammapostel, die Bezirksapostel und die Apostel sind die leitenden Ämter der Neuapostolischen Kirche*".[53] Tatsächlich ist der Stammapostel der oberste Geistliche: "*Als oberste geistliche Autorität aller neuapostolischen Gebietskirchen der Erde leitet er die Gesamtkirche in allen religiösen Angelegenheiten*".[54] Er wird im Regelfall von seinem Vorgänger in dessen freier Auswahl berufen, ist einzeln zeichnungsberechtigt, seine Anordnungen sind für alle Gebietskirchen und ihre Organe verbindlich.[55] Diese Stellung wird in den Verfassungen der Gliedkirchen bestätigt. Insofern hat der Stammapostel, wenn er auch nicht immer gleichzeitig Organ der jeweiligen Gliedkirche ist, in wesentlichen Bereichen Durch-

---

51 NAKI, 2010, Statuten, Vorwort

52 vgl. Obst, 1996, S. 163

53 NAKI, 2010, Statuten, 6.1

54 ebenda, 7.4

55 ebenda, 7.1, 7.5, 7.8

griffsmöglichkeiten. Er beruft und entlässt die die kirchenleitenden Ämter (Bezirksapostel, Apostel und Bischöfe).[56, 57]

Unterhalb der Ebene der kirchenleitenden Ämter gibt es weitere Amtsstufen (von oben: Bezirksältester, Bezirksevangelist, Hirte, Gemeindeevangelist, Priester und Diakon).

2.2.3 Das Ehrenamt in der NAK

Ganz entscheidend für das Verständnis kirchlichen Lebens in der NAK ist eine andere Struktur, die die NAK prägt: Fast alle Amts- und Funktionsträger der Kirche sind ehrenamtlich tätig. Nur der Stammapostel, alle Bezirksapostel, viele Apostel und etliche Bischöfe sind hauptamtlich bei der NAK angestellt. Wenn Mitarbeiter in den Verwaltungen der Gliedkirchen auch Amtsträger sind, ist dieses keine notwendige Verknüpfung. Bei etwa 360.000 Mitgliedern in Deutschland gibt es etwa 20.000 Amtsträger.[58] In Österreich sind, bei ungefähr 5.000 Mitgliedern, 311 Amtsträger in der NAK tätig, davon 308 ehrenamtlich.[59]

Für die Amtsträger der Kirche gibt es in allen Amtsstufen keine erforderliche Ausbildung. Jedes männliche Mitglied der NAK kann zum Amtsträger berufen und ordiniert werden, wenn es "*gründliche Kenntnis und Überzeugung von Lehre und Einrichtungen der NAK und einen unbescholtenen und nach der Lehre Christi ausgerichteten Lebenswandel*" hat.[60] Die NAK in Österreich setzt zusätzlich noch "*ein vorbildliches Glaubensleben nach den vom Stammapostel herausgegebenen Richtlinien*" voraus.[61] Auch nach der Ordination gibt es keine strukturierten Ausbildungs- oder Fortbildungsmaßnahmen für ehrenamtliche Mitarbeiter der NAK. Ansätze zur Fortbildung von Predigern und Seelsorgern sind allenfalls lokal oder regional zu erkennen.

---

56 ebenda, Statuten, 7.7

57 auch z.B. in NAK Niedersachsen Verfassung, 1999, Art. 5 Abs. 3

58 NAK D, 2010, Mitgliederzahlen Deutschland

59 Angabe Mag. R. Kainz, Präsident NAK Österreich, 2010

60 NAK Niedersachsen Verfassung, 1999, Art. 8 Abs. 3

61 NAK Österreich Verfassung, 1994, Art. 14, Abs. 1

Alle Gemeindefunktionen wie die des Gemeindevorstehers, der Lehrer (für Sonntagsschule, Religions- und Konfirmandenunterricht), der Chorleiter, Organisten und Jugendbetreuer, aber auch Kirchenreinigung, Küsterdienste u. ä. Aufgaben werden ehrenamtlich von Mitgliedern der Gemeinde ausgeführt. Ohne ehrenamtliche Mitarbeit der Gemeindemitglieder gäbe es auch keine Predigt, keine Sakramentsverwaltung, keine Seelsorge. Kurz: Ohne die ehrenamtliche Mitarbeiter / Mitarbeiterinnen gäbe es keine neuapostolischen Kirchengemeinden.

2.2.4 Die Finanzierung der NAK

Die Gliedkirchen der NAK wurden und werden hauptsächlich aus freiwilligen Spenden der Mitglieder aufgebaut und finanziert. Pflichtbeiträge oder Kirchensteuern kennt die NAK nicht. In der Regel sind diese Spenden anonym. Mitglieder können jedoch, wenn sie es aus persönlichen Gründen vorziehen, auch unter Namensnennung spenden. Veröffentlichten Daten aus den Jahresabschlüssen der Gliedkirchen (z.B. NAK NRW oder NAK MD) zeigen, dass auch heute diese freiwilligen Spenden (Opfer) der Mitglieder den ganz überwiegenden Teil der Einnahmen der Gliedkirchen bilden. Die Neuapostolische Kirche International wird durch Umlagen von den Gliedkirchen finanziert.

Die Finanzmittel werden von den Gliedkirchen selbstständig verwaltet. Gemeinden und Bezirke haben keinen eigenen Zugriff auf die Einnahmen der Kirche, sondern werden von der Leitung der Gliedkirche finanziert, wobei diese Finanzierung keinen nachvollziehbaren Regeln folgt. Insofern hängt jede Gemeinde "am Tropf" der Gliedkirche. Teilweise sind Gemeinden jedoch über die gemeindebezogenen Einnahmen und Ausgaben durchaus informiert.

2.2.5 Die Entwicklung des Mitgliederbestandes der NAK in Europa

Die christlichen Kirchen verzeichnen seit vielen Jahren in Europa einen stetigen Rückgang des Mitgliederbestandes. So sank die Anzahl der Mitglieder der RKK in Deutschland von 26,7 Mio. im Jahr 2001 um 1,8

Mio. (entspricht knapp 7 %) auf 24,9 Mio. im Jahr 2009, die der EKD im gleichen Zeitraum von 26,5 Mio. um 2,3 Mio. (entspricht fast 9 %) auf 24,2 Mio.[62] In Österreich traten im Zeitraum von 2001 bis 2009 etwa 374.000 Mitglieder (fast 7 %) aus der RKK (aktuell etwa 5,9 Mio. Mitglieder) und etwa 27.000 Mitglieder (gut 7 %) aus der evangelischen Kirche (aktuell etwa 325.000 Mitglieder) aus.[63] In Deutschland sank die Anzahl der Mitglieder der NAK im gleichen Zeitraum von 386.000 um 26.000 (entspricht knapp 7 %) auf 360.000.[64]

Insofern läge der Schluss nahe, dass die Entwicklung des Mitgliederbestandes der NAK dem allgemeinen Trend der christlichen Kirchen folgt. Jedoch muss eine Besonderheit bei den Angaben der NAK beachtet werden: Die Mitgliedschaft in der NAK ist nicht mit der Pflicht zur Leistung einer Kirchensteuer oder eines Kirchenbeitrages verbunden. Während in der RKK oder der EKD oder EKÖ die Anzahl der Mitglieder über die Kirchensteuererhebung ziemlich sicher bestimmt werden kann, können sich Mitglieder der NAK aus der Kirche verabschieden, ohne formal auszutreten. Damit werden sie auch nicht in den Kirchenbüchern ausgetragen, sie bleiben Mitglied, obwohl sie faktisch in der Gemeinde nicht mehr aktiv sind und, so wird zumindest vermutet, auch keinen finanziellen Beitrag zu den Einnahmen der Kirche mehr leisten.

Diesem Phänomen ist eine "Arbeitsgruppe Demografie der NAK" nachgegangen. Tatsächlich wird zunächst festgestellt, dass der Anteil der formalen Austritte in den Gebietskirchen in Deutschland mit etwa 1 % pro Jahr sehr gering ist. Bei allen Unsicherheiten des vorhandenen Zahlenmaterials wird allerdings festgestellt, dass die "Aktivenquote" (der Anteil der Mitglieder, die sich zumindest minimal an der Gemeindeaktivität - zum Beispiel dadurch, dass sie einmal im Jahr einen Gottesdienst besuchen - beteiligen, am gesamten Mitgliederbestand) stark zurückgeht. Die Arbeitsgruppe schätzt, dass die "Aktivenquote" im Zeitraum 2007 bis 2020 von 60 % auf 52 % sinken wird und dass diese

---

62 REMID, 2010, Mitgliederzahlen

63 Angaben bei Meintz, 2010, bzw. bei EKÖ, 2010

64 kompiliert aus jährlichen Mitgliederstatistiken der NAK D

Schätzung eher optimistisch ist.[65] Während für die NAK in Deutschland ein Rückgang der offiziellen Mitgliederzahlen im Zeitraum 2007 bis 2020 von gut 14 % prognostiziert wird, liegt der angenommene Rückgang bei den Werten der "aktiven" Mitglieder bei 25 %. Gleichzeitig wird eine stark zunehmende Überalterung des Mitgliederbestandes erwartet, der deutlich über dem demographischen Trend der Gesamtbevölkerung liegt. Aus anderen Ländern Europas sind keine so umfangreichen und qualifizierten Aussagen zu der Mitgliederentwicklung der NAK bekannt.

Für die NAK ist diese Entwicklung besonders bedrohlich, weil nicht nur die Einnahmen stark sinken werden, sondern weil auch die Menge der potentiell für eine ehrenamtliche Tätigkeit zur Verfügung stehenden Mitglieder stark abnimmt. Das Ehrenamt ist jedoch, wie im Abschnitt 2.2.3 beschrieben wurde, ein existenzielles Element der NAK.

2.2.6 Die Bedeutung der Gemeinde in der NAK

Die Gemeinde (in dieser Arbeit auch präzisierend als "Kirchengemeinde" bezeichnet) hat besonders für ältere Kirchenmitglieder eine Bedeutung, die ohne Rückblick auf die historische Entwicklung kaum zu verstehen ist.

Bis in die späten 60-er Jahre des letzten Jahrhunderts war es für die NAK in Westeuropa bezeichnend, dass die Gemeinden und die Gemeindemitglieder sich möglichst von anderen Gemeinschaften distanzierten. Vordergründig wurde diese Verhaltensweise theologisch begründet: Die NAK galt als allein seligmachend, zu enge Kontakte mit Andersgläubigen wurden als Risiko für den gläubigen neuapostolischen Christen angesehen. Mit strengen Normierungen für das alltägliche Leben, immer theologisch begründet, wurden der Besuch von Kino und Theater, die Teilnahme an Volksfesten und Karneval, Aktivitäten wie Mitgliedschaft in Sportvereinen oder der Besuch von Tanzveranstaltungen und teilweise sogar die Teilnahme an Klassenfahrten für Schülerin-

---

[65] Arbeitsgruppe Demografie, 2008

nen und Schüler als mit dem Glauben nicht vereinbar dargestellt. Regeln für Haarschnitt und Kleidung, die Untersagung des Fernsehens für Amtsträger und andere tiefe Eingriffe in das persönliche Leben waren üblich.[66] Diese Regeln waren regional sehr unterschiedlich, ihre Einhaltung wurde durch regelmäßige "Familienbesuche" der Amtsträger bei den Familien kontrolliert.[67, 68]

Durch die Normierung und Isolierung der Mitglieder der NAK wurde die Gemeinde zu einem zentralen Punkt des sozialen Lebens. Hier traf man sich, hier sang man - nicht immer wirklich freiwillig - im Gemeindechor, hier wurden die Kinder unterrichtet - eine Teilnahme am Religionsunterricht in den öffentlichen Schulen wurde von der NAK strikt abgelehnt. Auf Veranstaltungen der Kirche trafen sich Jugendliche und lernten dort häufig ihre späteren Lebenspartner kennen. Kurz gefasst: In der Gemeinde wurden die dort aufwachsenden Mitglieder sozialisiert, die Gemeinde wurde zu einer emotionalen Heimat für viele Gläubige. Diese Bindung war wegen des Fehlens anderer regelmäßiger sozialer Kontakte und dem Versuch, "*sich nicht der Welt gleich zu stellen*" (damals gängige Predigtaussage in Anlehnung an den Römerbrief 12:2, LÜ84) sehr viel enger als das Verhältnis der Mitglieder der großen christlichen Konfessionen zu ihren Gemeinden. Die hier beschriebenen isolierenden Normierungen waren damals flächendeckend typisch für die NAK, wenn auch die Regeln selbst regional unterschiedlich gestaltet wurden.

Die Zeitschrift DER SPIEGEL zitiert unter dem Titel "Extrem streng" aus einer NAK-internen "Orientierungs- und Entscheidungshilfe für Jugendleiter" aus dem Jahr 1993: " *[...] Mit der Räumlichkeit und allem Drum und Dran eines Kinos können Gefahren verbunden sein" [...] "Diskotheken sind rein weltlich geprägte Begegnungsstätten und darauf ausgerichtet, die leiblichen Sinne und Triebe zu reizen. Dort gehören wir als Gotteskinder nicht hin. Gingen wir dort hin, entzögen wir uns mutwillig der Gnade Gottes*

---

66 Martinek, 1998, S. 45 ff.

67 NAKI, 1963, Richtlinien, S. 63 ff.

68 auch Fincke, 1999, S. 12

und dem Engelschutz".[69, 70] Auch OBST beschreibt in seinem neueren Werk einen Zustand, der diese vergangenen, aber teilweise noch prägenden Gemeindeordnungen nur noch streift.[71]

Seit Jahrzehnten hat sich diese Situation in der NAK grundlegend verändert, dennoch sind immer noch Auswirkungen dieser historischen Periode spürbar. Für viele Mitglieder der NAK, die in diesen alten Zeiten aufwuchsen, ist die dort erlebte Sozialisierung immer noch prägend. Für sie ist die Gemeinde immer noch der zentrale Punkt ihres sozialen Lebens, manchmal sogar der einzige verbliebene soziale Kontakt außerhalb der Familie. Wenn für diese so geprägten Menschen "ihre" Gemeinde geschlossen wird, die Gemeinde, die sie vielleicht selbst mit aufgebaut haben, in der sie vielleicht selbst ehrenamtlich einen wesentlichen Teil ihrer Lebenszeit verbracht haben, kann emotional auch "Heimat" verloren gehen und menschlicher Kontakt als gefährdet empfunden werden.

Für jüngere Mitglieder, die ein ganz anderes Kommunikationsverhalten haben, für die die "alten Zeiten" der NAK durchaus nicht verklärt erscheinen, ist Gemeinde wie in anderen Kirchen zwar mehr als nur Organisationseinheit, aber nicht mehr unersetzbarer Lebensmittelpunkt.

2.3 Systemimmanente Konflikte in Kirchen

Einige Konfliktszenarien und Verhaltensweisen in Konflikten sind für viele christliche Kirchen und Gemeinschaften ebenso typisch wie verdrängt. Gerade in stark hierarchisch strukturierten Kirchen wie der NAK ist erst in neuerer Zeit erkennbar, dass offen über solche Besonderheiten gesprochen wird, ohne dass schon konsequente Verhaltensänderungen erfolgt wären. Die synodal geprägten Kirchen aus dem

---

69 DER SPIEGEL,1995, S. 77 - 78

70 Allerdings wurden zu der Zeit, als der Artikel im SPIEGEL erschien (1995), in der Region, in der der Verfasser damals lebte, solche Verhaltensweisen schon nicht mehr durch die dortigen Amtsträger der NAK aktiv gelehrt.

71 Obst, 1996, S.152 ff.

Spektrum der protestantischen Kirchen haben sehr viel länger einen offenen Zugang zu den nachstehend beschriebenen Themen, das liegt sicher auch an der von der Gemeinde ausgehenden Autorität.[72] Veröffentlichte Forschungsergebnisse zu diesen Bereichen sind deshalb für die protestantischen Kirchen zahlreicher und ergiebiger als z.B. für die RKK.

2.3.1 Umgang mit Ärger, Kritik und Konflikten

Die Konzentration von geistlicher Autorität und organisatorischer Führungsmacht in der gleichen Person, die besonders in hierarchisch organisierten Kirchen kennzeichnend ist, hat aus der Sicht der Führung Vorteile, jedoch sind auch Risiken unübersehbar. Eine Kritik an organisatorischen Maßnahmen und nicht theologischen Sachentscheidungen kann von dem Kritisierten unter Ausspielung seiner gar nicht bestrittenen geistlichen Autorität abgewiesen werden. Kritik- und Konfliktbereitschaft sind solchen Kirchen, zu denen neben der RKK auch die NAK zählt, traditionell weniger ausgeprägt. "*Der offene Umgang mit Konflikten wird in einer hierarchischen Struktur [einer Kirche, Anm. des Verf.] eher als Störung wahrgenommen und ist daher weniger erwünscht*".[73] KLESSMANN führt dazu sehr treffend aus: "*Kirche als eine nach wie vor hierarchische und damit auch häufig autoritäre Institution braucht zu ihrer Stabilisierung tendenziell eher Ich-schwache Menschen. Die spezifisch kirchlichen Abwehrformen von Ärger und Aggression bewirken ganz entsprechend Anpassung, Unterwerfung, Sich - Einordnen in die vorgegebenen Strukturen. [...] Ärger und Aggression auszudrücken, Konflikte anzusprechen und auszutragen, kann in der Regel als ein Zeichen von Ich-Stärke, von Unabhängigkeit und Selbstbewusstsein gelten. Solche Ich-Stärke ist in der Institution unerwünscht, weil sie die etablierten Strukturen (z.B. die Legitimation durch ein "Amt") in Frage stellt und so etwas wie persönliche Kompetenz einfordert.*"[74]

---

72 vgl. Pohl, 2003, S. 28, Schaubild 8

73 Mattioli, 2007, S. 57

74 Klessmann, 1992, S. 138

Allerdings sind die Tendenzen, Kritik zu unterdrücken, Ärger zu verdrängen und die Existenz von Konflikten zu leugnen auch in synodal strukturierten Kirchen nicht unbekannt. Eine etwas pointierte Kapitelüberschrift bei SINGER "*Konflikte gibt's nicht, geht nicht*"[75] oder das Statement von MATTIOLI: "*[...]Im kirchlichen Raum herrscht eine starke Verdrängungstendenz [bei Konflikten]*"[76] weisen auf diese konfessionsübergreifende Gemeinsamkeit hin.

Wie schon in Abschnitt 2.2.6 ausgeführt war die NAK in der Vergangenheit geprägt von einer angenommenen Führungsbedürftigkeit des einzelnen Mitgliedes. Der "einfache" Gläubige wurde von den Führungsverantwortlichen der Kirche nicht als mündiger Christ wahr- und ernst genommen. Kritik an Verlautbarungen und Entscheidungen von Amtsträgern der NAK wurde noch vor wenigen Jahren als unbiblisch verurteilt. Ärger und Aggressionen werden in der neuapostolischen Tradition stark unterdrückt, ein eher pietistisches Idealbild des Christen wird gepredigt. Erst seit den Stammaposteln URWYLER (im Amt 1978 - 1988) und FEHR (im Amt 1988 - 2005) zeichnet sich eine zögerliche Anerkennung der Eigenverantwortung des Christen und an dessen Freiheit zu selbstständiger Lebens- und Verhaltensgestaltung ab. Damit verbunden sind seit etwa zehn Jahren Ansätze zur Entwicklung einer offenen Gesprächs- und Streitkultur in einigen Gebietskirchen erkennbar, wobei selbst dabei ein offener Umgang mit Ärger und Aggressionen noch immer sehr unterentwickelt ist und eher möglichst emotionsfreie Verhaltensweisen angestrebt werden. Diese Ansätze sind bisher allerdings nur von wenigen Gemeinden, Bezirken und Gebietskirchen verinnerlicht und auch dort bei weitem nicht von der Mehrzahl der Führungsverantwortlichen oder der Mitglieder. Besonders die ältere Generation, bei der Kritik verpönt war und Streit nicht ausgetragen wurde, hat Schwierigkeiten, sich innerlich von den überlieferten Verhaltensmustern zu tren-

---

[75] Singer, 2005, S. 10

[76] Mattioli, 2007, S. 58

nen. Eine gewachsene Streitkultur gibt es in der stark hierarchisch geprägten NAK nicht.

Gerade im Zusammenhang mit Zentralisierungsprozessen in Kirchen entstehen jedoch besonders konfliktträchtige Streitgegenstände. So kann das Aufkommen dieser Konflikte selbst ein Konflikt werden, indem Beteiligte sich darüber auseinandersetzen, ob es Konflikte in der Gemeinde überhaupt geben darf, ob sie dann offen ausgetragen werden dürfen oder ob man sie nicht von vornherein durch eine autoritäre Entscheidung des Verantwortlichen unterbinden müsste.

2.3.2 Christliches Idealbild im Spannungsfeld mit der menschlichen Realität

Im vorigen Abschnitt wurde ein Konfliktfeld beschrieben, welches zu Konflikten zwischen zwei oder mehreren Einzelpersonen (interpersonale Konflikte) oder zwischen Gruppen in der Gemeinde oder der Kirche führen kann. Aus ganz ähnlichen Ursachen, jedoch mit ganz anderen Auswirkungen, entstehen intrapersonale Konflikte einer besonderen Art, die typisch für Kirchen sind:

In Kirchen und christlichen Gemeinschaften gelten Verhaltensregeln, die oft ungeschrieben sind. In christlichen Gemeinden wird oft von den Mitgliedern erwartet, dass sie ihr sichtbares Verhalten nach den Lehren des Evangeliums ausrichten, also z.B. in allen Situationen freundlich und gelassen bleiben, nichts nachtragen, nur die Sache im Auge behalten und den Nächsten lieben. Tatsächlich haben aber auch Christen Gefühle wie Eitelkeiten, Ärger, Neid, Angst vor Gesichtsverlust, Streben nach Anerkennung und Einfluss, auch Angst vor Ausgrenzung und Misstrauen. Auch wenn Christen mehr oder weniger erfolgreich versuchen, solche Empfindungen in sich selbst zu bekämpfen, bleibt der totale Erfolg bei jedem aus. Bei der Bewältigung von Konfliktsituationen in Gemeinden und Kirchen wirkt sich dieser Zwiespalt extrem hinderlich aus. "*Das Meiste spielt sich unter der Oberfläche ab, aber darüber spricht man nicht*".[77]

Christen stehen mit sich selbst im ständigen Konflikt. Dieser Konflikt besteht, seit es Christen gibt: "*Denn das Gute, das ich will, das tue ich nicht; sondern das Böse, das ich nicht will, das tue ich*", so Paulus im Brief an die Römer 7:19 (LÜ 84). Zwischen den Anforderungen des Neuen Testamentes an den Christen, die auch dessen Gefühle ansprechen, und der Realität, die mit den menschlichen Schwächen verknüpft ist, bemerkt der aufmerksame Christ bei sich selbst ein Spannungsfeld, eine Unvereinbarkeit. Diese Unvereinbarkeit wird jedoch von Kirchen häufig noch durch ein Abwerten des "sündigen Menschen" verstärkt. Ärger und Aggressionen als normale menschliche Reaktionen werden als "unchristlich" dargestellt. Auch das ist keine neuartige oder aus dem Mittelalter überlieferte Auffassung: "*Die aber Christus Jesus angehören, die haben ihr Fleisch gekreuzigt samt den Leidenschaften und Begierden*" (Paulus im Brief an die Galater 5:24, LÜ 84).

KLESSMANN, der sich mit diesem "*Dilemma des Christen*" zwischen Unterdrückung von Ärger und Aggressionen und dem erwarteten Idealbild des Neuen Testamentes besonders intensiv auseinandersetzt, zeichnet die Folgen dieser zwar bibelfesten, aber den realen Menschen nicht gerecht werdenden Lehre in der Kirche mit der fast poetisch klingenden Formulierung "*Das Kind einer gesunden Selbsteinschätzung wird mit dem Bade der Aggressionsunterdrückung ausgeschüttet*" und mit der Feststellung "*Und schließlich führt die christliche Abwertung von Ärger und Aggressionen dazu, dass es unter Christen einerseits viel indirekte Auseinandersetzungen gibt, stille, aber nicht weniger verbissene Streitigkeiten, die sich angelegentlich von Kleinigkeiten in großen Explosionen entladen; andererseits auch viele Beziehungsabbrüche, Wegbleiben von der Gemeinde, wortloses Sich - Abwenden, weil man sich lieber trennt, statt sich zu streiten*" nach.[78]

---

77 Pohl, S. 12, Schaubild 1

78 Klessmann, 1992, S. 20

Tatsächliche Motive bei Reaktionen auf Konfliktsituationen bleiben so verdeckt und doch entscheidend, scheinbar an der Sache orientierte Argumente sind oft nur vordergründig.[79] Die emotionale Beteiligung bei Konflikten in der Gemeinde oder der Kirche ist wie bei jedem Konflikt gegeben, " *... denn nicht wir haben einen Konflikt, sondern der Konflikt hat uns*".[80] Da jedoch diese Emotionen möglichst unbemerkt bleiben sollen, liegt hierin ein besonderes systemimmanentes Hindernis bei der Bewältigung von Konflikten in christlichen Gemeinschaften. Dieses Hindernis erfordert in jeder sinnvollen Bewältigungsstrategie besondere Beachtung, damit in Konfliktgesprächen nicht nur über Schein- oder Nebenkonflikte verhandelt wird und dann nur Pseudolösungen gefunden werden.[81] G. SCHWARZ ist in diesem Zusammenhang zuzustimmen: "*Manchmal erfährt man das Wesentliche eines Konfliktes erst durch die Frage: Worüber wird in diesem Konflikt nicht geredet?*".[82] Tatsächlich ist der "*Konflikt zwischen geistig-religiöser Orientierung und leiblich-triebhaften Lebenskräften*" ein Grundproblem des religiösen Menschen und kann, wenn dieser Gegensatz zwischen zwei Empfindungsebenen nicht ausbalanciert bleibt, durchaus zu ernsthaften Erkrankungen, sog. "*ekklesiogenen Neurosen*" führen.[83, 84]

Ob dieser Konflikt in der NAK stärker als in anderen Konfessionen auftritt, soll hier nicht bewertet werden. Quantitative Vergleiche gibt es nicht, subjektive Empfindungen sind bei einem solchen Vergleich wenig hilfreich. Es bleibt jedoch festzustellen, dass das Betonen von Sündhaftigkeit, Versagen und Inkonsequenz bis vor wenigen Jahren gängige Predigtpraxis in der NAK war. Es muss damit gerechnet werden, dass die dadurch geprägten Verhaltensmuster bei den in dieser Arbeit untersuchten Situationen innere Konflikte bei den betroffenen Gemeindemitgliedern verursachen oder verstärken können.

---

79 so auch bei Singer, 2005, S. 75

80 Jiranek, 2007, S. 25

81 ebenda, S. 100

82 G. Schwarz, 2005, S. 77

83 Hark, 1988, S. 18

84 vgl. Hark, 1988

2.3.3 Hierarchie oder Mitbestimmung

Die Versuchung, die geistliche Autorität eines Führungsverantwortlichen für die Durchsetzung einer durchaus profanen Entscheidung einzusetzen, ist mit dem System Kirche verknüpft. Dass dieser Versuchung in hierarchisch strukturierten Kirchen auch immer wieder nachgegeben wird, lehrt die Kirchengeschichte der letzten 2.000 Jahre.[85, 86] Dieser Basiskonflikt der hierarchischen Kirchenordnung mit dem demokratischen Verständnis der Kirchenmitglieder bleibt unübersehbar. Wissenschaftliche Arbeiten über Konflikte in Kirchen sind vielleicht deshalb überwiegend bei den synodal strukturierten protestantischen Kirchen zu finden, in denen die Kirchenmitglieder Teilhabe an wesentlichen Organisationsentscheidungen "von unten" einfordern und erhalten. Auch bei der NAK wurde bis in die zweite Hälfte des letzten Jahrhunderts Kritik an Organisation und Verwaltung gleichgesetzt mit Zweifel an der und Widerstand gegen die von Gott gegebene Kirchenführung. Die kommentarlose "*Unterwerfung oder (moderner:) Unterordnung*"[87] als Reaktion auf Entscheidungen der Kirchenleitungen wurde als Regelfall vorausgesetzt. Das wirkt auch heute noch nach. Die Unterscheidung zwischen Lehraussage und Organisationsentscheidung wird von Gemeindemitgliedern oft nicht vorgenommen oder kann nicht vorgenommen werden, sodass die Existenz dieser verschiedenen Strukturen an sich schon Konflikt fördernd ist. Dieser innere Konflikt kann zu erheblichen Verunsicherungen bei den Mitgliedern führen, die hier keine intellektuelle Trennung vornehmen (können). Man wähnt sich als "schlechter Christ", wenn man mit Organisationsentscheidungen nicht einverstanden ist. Solche inneren Konflikte haben aber auch ihr Spiegelbild in den "*Rollenkonflikten*",[88] die sich bei den meist ehrenamtlichen Geistlichen in der beschriebenen Doppelfunktion z.B. als Gemeindeleiter und als Prediger im Gottesdienst ergeben.

---

[85] so bei Küng, 1967, bes. Abschnitt E, II

[86] auch bei Küng, 2004, bes. Abschnitt IV

[87] G. Schwarz, 2005, S. 8

[88] Pohl, 2003, S. 35 ff.

Der Bundesverband Mediation (BM) hat hierzu treffend erkannt: "*Mehr noch als in nicht-kirchlichen Organisationen spielen bei Entscheidungen innerhalb kirchlicher Organisationen neben persönlichen auch ethische Grundhaltungen und Werteorientierungen wie z.B. Brüderlichkeit, Geschwisterlichkeit und Nächstenliebe eine wichtige Rolle. Vor diesem Hintergrund geht es bei Sachentscheidungen häufig nicht nur um die Sachentscheidungen allein, sondern Sachentscheidungen beinhalten oft auch die Fragen nach dem kirchlichen Auftrag, der kirchlichen Ausrichtung oder "Politik", letztlich nach Glaubensvorstellungen.*"[89]

Besonders auch in der hierarchisch strukturierten NAK wird häufig noch erwartet, dass Sach-, Personal- und Führungsentscheidungen der Kirchenleitung, besonders der kirchenleitenden Apostel und Bezirksapostel, ebenso widerspruchslos hingenommen werden wie dogmatische Aussagen zur Glaubens- und Sittenlehre. So kann bei einem entsprechend erzogenen Mitglied der NAK eine von ihm als fehlerhaft empfundene Sachentscheidung der Kirchenleitung direkt zu einer Glaubens- oder einer Glaubwürdigkeitskrise führen.

2.3.4 Gehorsamskonflikte

"*Gehorsamsprobleme als verdeckter Konflikt: Besonders innerhalb der Katholischen Kirche gibt es Konflikte zwischen Pfarrer und Vorgesetztem, wenn der Pfarrer eine ihn betreffende, von oben getroffene Entscheidung nur schwer akzeptieren kann. Diese Probleme werden – aus auf beiden Seiten sehr verschiedenen Gründen – nur sehr selten offen ausgetragen*".[90] Gewisse Vergleichbarkeiten der Konflikte in den ähnlich strukturierten Kirchen RKK und NAK wurden schon festgestellt; das Zitat von MATTIOLI könnte durch den Austausch einiger Amtsbezeichnungen gut auf die NAK übertragen werden.

Wenn eine Festlegung einer Kirchenleitung (z.B. eine dogmatische Lehraussage, eine Bestimmung zur Liturgie, eine Aussage zur Sittenleh-

---

89 BM, 2003, S.2

90 Mattioli, 2007, S. 92

re oder eine organisatorische Entscheidung) von den Betroffenen widerspruchslos akzeptiert bzw. umgesetzt wird, bedeutet das nicht, dass kein Konflikt entstanden ist. Wenn die Betroffenen mit der Entscheidung der Kirchenleitung nicht einverstanden sind, sie wider eigene Einsicht dennoch "gehorsam" umsetzen, bleibt der Konflikt im Verborgenen bestehen und kann jederzeit wieder aufbrechen. Es kann zudem ein intrapersonaler Konflikt entstehen (vgl. Abschnitt 2.3.2).

2.3.5 Hauptamtliche gegen Ehrenamtliche

Fast alle Amtsträger (in der Regel deutlich über 95 %) der NAK, von der obersten Leitungsebene abgesehen, arbeiten ehrenamtlich. Die Freiheit des Ehrenamtes führt zu anderen Verhaltensweisen in Konfliktfällen als bei den christlichen Gemeinschaften, in denen im Wesentlichen hauptamtliche Amtsträger, weisungsgebunden und sozial abhängig, tätig sind. Dennoch bewegen sich auch in der NAK "*Haupt- und Ehrenamtliche immer in einem grundsätzlichen Spannungsfeld, das wenig reflektiert oder offen thematisiert wird*".[91] Insbesondere bei den Konflikten zwischen unterschiedlichen Hierarchieebenen und den in dieser Arbeit thematisierten Problematiken bei Gemeindeschließungen können die Ehrenamtlichen durch Verweigerung der Mitwirkung erheblichen Einfluss ausüben, weil tatsächlich die NAK nur bei Mitwirkung der ehrenamtlich tätigen Mitglieder funktioniert. Dieses Risikos muss sich die Kirchenleitung bei Entscheidungen in Zentralisierungsprozessen bewusst bleiben.

2.4 Prozessimmanente Risiken bei Fusionen und Gemeindeschließungen

Zentralisierungsprozesse in christlichen Gemeinschaften oder Kirchen sind besonderen Risiken ausgesetzt, die Konflikte verschärfen können oder auch entstehen lassen. Diese Risiken sind in der besonderen Zielsetzung einer Kirche und deren Aufbau begründet.

---

91 Singer, 2005, S. 82

2.4.1 Zentralisierung im Kontrast zu Grundfunktionen der Kirche

Es ist üblich, die Grundfunktionen der Kirche mit den Begriffen "Verkündigung - Liturgie - Diakonie - Gemeinschaft" zu beschreiben, so z.B. Erzbischof Christoph Kardinal SCHÖNBORN im Leitbild für die Erzdiözese Wien.[92]

Über diese Grundfunktionen (METTE nennt sie auch die "*Grundvollzüge christlicher Gemeinde*") gibt es zwischen den christlichen Konfessionen Übereinstimmung.[93, 94, 95] Verkündigung, Liturgie (Gottesdienstfeier) und Gemeinschaft kann jedoch nur wirksam angeboten und praktiziert werden, wenn Kirche für den Menschen erreichbar ist. Kirche lebt in der Gemeinde, auch das ist Konsens im Christentum. Gemeinde muss erreichbar sein, sonst funktioniert Kirche nicht.[96] Wenn aus den verschiedensten Gründen Gemeinden geschlossen werden (müssen), sinkt für den Einzelnen die Erreichbarkeit, die Erfüllung des Grundauftrages einer Kirche wird erschwert. Es kann damit ein "Teufelskreis" gestartet werden.[97] Der Rückzug einer Kirche aus der Fläche kann also einen gravierenden Interessenkonflikt begründen, wenn z.B. die Kirchenleitung bei der Abwägung der Interessen zu einem anderen Ergebnis kommt als der Bezirks- oder Gemeindeleiter.

2.4.2 Risiken für Finanzierung und Mitgliedschaft

Außereuropäische und osteuropäische Gliedkirchen der NAK müssen in ihrem Aufbau auch durch finanzielle Transferleistungen aus europäi-

---

92 RKK Wien, 1999, S. 8-12

93 dazu ausführlich bei Mette, 1991, S. 271, 272

94 vgl. auch ÖKR, 2006, Verfassung Abschnitt III

95 vgl. auch Runia, 1998, S. 707 - 708

96 dazu auch Margull, 2000, bes. S. 28

97 Mit dem im üblichen deutschen Sprachgebrauch und besonders in den Sozialwissenschaften verwendeten Begriff "Teufelskreis" wird auch in dieser Arbeit ein negativ verlaufender Prozess, dessen Ergebnis die Ursachen verstärkt, bezeichnet. Keinesfalls soll angedeutet werden, dass der biblische oder in der Theologie diskutierte "Teufel" etwas mit diesem Prozess zu tun haben könnte. Da es jedoch außer dem lateinischen "circulus vitiosus" (vgl. dazu auch WAHRIG, 2010, S. 178) keinen bedeutungsgleichen Begriff gibt, wurde der deutsche Begriff beibehalten.

schen Gebietskirchen unterstützt werden. Diese Notwendigkeit birgt erhebliches Konfliktpotential bei der Begründung von Gemeindeschließungen in Europa in sich. Solche "*Verteilungskonflikte*"[98] spielten in der Vergangenheit der NAK kaum eine Rolle, da die finanziellen Ressourcen der Gliedkirchen durch ein sehr hohes Spendenaufkommen nennenswerte Unterstützungsleistungen ohne Einschränkung im eigenen Kirchengebiet ermöglichten. Wenn jedoch Zentralisierungsmaßnahmen nicht nur mit sinkenden Mitgliederzahlen und demographischem Strukturwandel, sondern auch oder sogar hauptsächlich mit Finanzierungsschwierigkeiten begründet werden, sind solche Verteilungskonflikte vorhersehbar. Die NAK NRW hat im Jahr 2011 ihren Finanzbericht für das Jahr 2010 als erste Gebietskirche der NAK etwas transparenter dargestellt. Auch wenn die Darstellung noch sehr weit von üblichen handelsrechtlichen Abschlüssen entfernt ist (es wird nur eine grobe Einnahmen- und Ausgabenrechnung veröffentlicht), geben die Werte doch ausreichend Anhalt für die steigende Wahrscheinlichkeit von Verteilungskonflikten: Einnahmen aus freiwilligen Spenden der Mitglieder in NRW in Höhe von 20,4 Mio. €, Erlösen aus dem Verkauf von Kirchengebäuden in NRW in Höhe von 2,2 Mio. € und (um einen Sonderposten bereinigte) Erträgen aus Vermögensverwaltung in Höhe von 1,5 Mio. € stehen Zuwendungen in Höhe von 8,3 Mio. € an ausländische Kirchen der NAK gegenüber. 8,8 Mio. € sind für Verwaltungskosten und für ein Bauprojekt mit Seniorenzentrum und Kindertagesstätte aufgewendet worden. Diese Relationen können Mitglieder der NAK, deren Gemeinden geschlossen werden, durchaus zur Überprüfung ihrer Spendenbereitschaft bewegen, zumal karitative Projekte nicht von der Gebietskirche unterstützt werden.[99]

Da die Einnahmen der NAK ganz überwiegend aus freiwilligen Spenden bestehen, wie oben beschrieben, könnte eine Reaktion der von einer Gemeindeschließung betroffenen Mitglieder eine Kürzung ihrer

---

[98] Pohl, 2003, S. 34

[99] NAK NRW Informationen IV. Quartal 2011, 2011, S. 5 - 6

individuellen Spenden oder die völlige Einstellung derselben sei. Wegen der Anonymität der Spender bliebe eine solche Reaktion für den Einzelnen unentdeckt und folgenlos. Das erhöht die Brisanz solcher Verteilungskonflikte in der NAK im Vergleich zu Kirchen, die sich aus personenbezogen Beiträgen oder Steuern finanzieren. Auch diese Verteilungskonflikte können einen sich selbst verstärkenden Prozess auslösen: Durch die aus Finanznot getroffene Entscheidung zur Schließung einer Gemeinde wird über eine Reaktion der von dieser Maßnahme betroffenen Mitglieder die Finanznot der Kirche vertieft: Die Lösung des Problems verschärft das Problem: ein "Teufelskreis".[98]

2.4.3 Sachkompetenz der Leitung *gegen* Sachkompetenz in der Gemeinde

Entscheidungen in Zentralisierungsprozessen kirchlicher Gemeinschaften haben nicht nur seelsorgerliche Aspekte, sondern sind auch strategischer Natur. Die leitenden Organe der Kirche sollten für solche Entscheidungen qualifiziert sein. Für die Berufung zum Leiter von Gliedkirchen, von Bezirken und Gemeinden in der NAK werden jedoch keine Qualifikationen als Unternehmensleiter oder Manager, keine Erfahrungen in Personalführung, Kommunikationsmethodik und Projektsteuerung und keine Begabung zu strategischem Denken vorausgesetzt. Diese Fähigkeiten können jedoch in nachgeordneten Hierarchiestufen oder bei den Mitgliedern durchaus vorhanden sein, in den Gemeinden finden sich heute Unternehmer, Manager, Hochschullehrer, Betriebswirte und Kommunikationsexperten. Anders als bei großen Kirchen mit Leitungsebenen, die gut mit "Fachleuten" besetzt sind, kann bei der NAK nicht von vornherein davon ausgegangen werden, dass die Gemeinde-, Bezirks- oder Kirchenleiter fachlich für die bei Zentralisierungsprozessen zu treffenden Entscheidungen qualifiziert sind. Daraus entstehen besondere Anforderungen an die notwendigen Berater der Entscheidungsträger, aber auch an die interne Kommunikation der Entscheidungsgründe.

Qualifizierte Gemeindemitglieder wollen die Gründe für eine Gemeindeschließung und den Entscheidungsprozess nachvollziehen können und zwar die konkret für ihre von der Schließung betroffene Gemeinde. Gerade weil fachliche Qualifikation der Entscheidungsebene nicht vorausgesetzt wird, birgt mangelnde Transparenz in der Kommunikation erhebliches Konfliktpotential in sich. Diese Situation ist in der NAK heute grundsätzlich anders als vor einigen Jahrzehnten, wo "gehorsame und gläubige" Zustimmung normal und vorausgesetzt war.

2.4.4 Motivationen für die Annahme und Ausübung des Ehrenamtes

Es kann nicht davon ausgegangen werden, dass nur "edle und christliche" Motive Menschen dazu bewegen, in einer Kirche, hier der NAK, ehrenamtlich tätig zu sein. Empirische Untersuchungen über solche Motive sind nicht bekannt. Sie wären vielleicht auch schwierig darzustellen, denn welcher Ehrenamtliche gäbe schon zu, dass eher nicht christliche Motive seiner Tätigkeit zu Grunde liegen. Es muss damit gerechnet werden, dass außer der "Liebe am Nächsten", Liebe im Sinne des Neuen Testamentes, einem Gefühl der Verantwortung für Mitchristen, Gemeinde und Kirche und Pflichtbewusstsein auch ganz andere Motive wie Streben nach sozialem Status, nach Anerkennung, nach Macht und Einfluss bei den ehrenamtlichen Mitarbeitern der NAK zu finden sind. Je nach grundlegender Motivation können die emotionalen Reaktionen der Betroffenen bei Gemeindefusionen ganz verschieden sein und erheblich zur Verschärfung auftretender Konflikte beitragen.

2.4.5 Fehlende fachliche Qualifikation der Mitarbeiter bei der Bewältigung allfälliger Konflikte bei Zentralisierungsprozessen in der NAK

Im Regelfall sind alle Mitarbeiter (Seelsorger, Prediger, Gemeindeleiter) einer Gemeinde der NAK ehrenamtlich tätig und für ihre kirchliche Tätigkeit nicht aus- oder fortgebildet. Insbesondere die Seelsorger haben deshalb im Regelfall keine besondere Qualifikation, die sie zur Bewältigung von Konflikten unter den Gemeindemitgliedern befähigen könnte.

Sie sind jedoch aus der Tradition des Gemeindelebens in der NAK zentrale Ansprechpartner bei allen Problemen.[100] Das Risiko der Überforderung dieser Mitarbeiter bei der Hilfe zur Bewältigung von Konflikten und das Risiko von unbemerkten oder gewollten Übertragungen sind erheblich.

Erste Ansätze zu einer systematischen Ausbildung für bestimmte Aspekte der ehrenamtlichen Tätigkeiten gibt es jedoch z.B. in der NAK Österreich mit den "Seminaren für Jungpriester", auch in der NAK Mitteldeutschland mit Seminaren im Zusammenhang mit der "Vision 2010 / 2014".[101]

2.5 Strategische Ansätze der NAK zur Konfliktvermeidung oder -bewältigung

Die Neuapostolische Kirche International hat im Jahr 2001 "Empfehlungen für Gemeindezusammenführungen" herausgegeben.[102] Diese Empfehlungen beziehen sich auf den Sonderfall der Fusion zweier Gemeinden. Sie gehen von Entscheidungen aus, die im Konsens mit den Gemeindemitgliedern getroffen werden. Sie gehen außerdem davon aus, dass Gespräche in der Vorbereitungsphase vertraulich bleiben. Die Möglichkeit von Konflikten wird angedeutet, Hinweise zur Bewältigung bleiben jedoch unscharf. Im Wesentlichen wird ein organisatorischer Ablauf formalistisch vorgeschrieben. Bezogen auf die zu erwartenden Konflikte bei Gemeindeschließungen und deren konkrete Bewältigung scheint das Papier wenig praxistauglich zu sein. Auch die Grundannahmen scheinen eher realitätsfremd zu sein. Ob diese Empfehlungen tatsächliche Wirkung gezeigt haben, wird ein Nebenergebnis der Untersuchungen in Abschnitt 4 sein.

---

100 NAKI, 2006, Der Seelsorgebesuch

101 NAK MD, 2008, Vision

102 NAKI, 2001, Empfehlungen

2.6 Ergebnis

Die Konfliktpotentiale bei Fusionen und Schließungen von Gemeinden in einer Kirche sind wenig vergleichbar mit Standortschließungen von Betrieben in der Wirtschaft und von staatlichen Einrichtungen. Kirchen, besonders hierarchisch strukturierte wie die NAK, haben sehr eigene Regeln. Die gegenseitigen Erwartungen zwischen Kirche und Mitglied sind teilweise von überlieferten Wertevorstellungen geprägt, die sich nicht mit den Wertevorstellungen der freiheitlichen Demokratien dekken. Das betrifft besonders die Vorstellungen von Eigenverantwortlichkeit und Mündigkeit des Menschen. Christen können diesen Zwiespalt als einen inneren Konflikt erleben.

In diesem hochkomplexen Gesellschaftsbereich ist die Entscheidung, eine Kirchengemeinde zu schließen oder mehrere Gemeinden zu fusionieren, von erheblicher Brisanz.

Eine solche Entscheidung in der NAK wird in einer Gemeinschaft getroffen,

- die zum Teil keine Kritik akzeptiert und Konflikte an sich verdrängt,
- trifft eine Gemeinschaft, die keine Streit- und Kritikkultur entwikkelt hat,
- wird, wenn sie ganz oder hauptsächlich mit Finanzierungsproblemen begründet wird, in einer Kirche getroffen, die keine echte Transparenz ihrer Finanzsituation kennt,
- wird in einer Organisation getroffen, deren Existenz von freiwilligen und nicht kontrollierbaren Zuwendungen ihrer Mitglieder abhängt,
- wird von Entscheidungsträgern getroffen, die zum Teil noch autoritäres Führungsverhalten gewohnt sind und die Mündigkeit des Christen noch nicht verinnerlicht haben,

- wird von Entscheidungsträgern getroffen, die nicht notwendigerweise die für eine solche Entscheidung erforderliche Sachkunde haben,
- wird überwiegend von ehrenamtlichen Mitarbeitern kommuniziert, die nicht notwendigerweise für diese Kommunikation qualifiziert sind,
- wird in ihrer Umsetzung von ehrenamtlich tätigen Mitarbeitern begleitet, die wegen ihrer zeitlichen Belastung durch Beruf und Familie für diese Begleitung nur eingeschränkte Zeitreserven haben,
- trifft auf ungeschulte Seelsorger, die nicht notwendigerweise für begleitende Seelsorge qualifiziert oder geschult sind,
- betrifft eine heterogene Gemeinde, deren Mitglieder ganz unterschiedlich sind in ihrer kirchlichen Sozialisation, in ihrer Erwartungshaltung, ihrer Bindung an die Gemeinde und in ihrer Bereitschaft und Fähigkeit, mit Kritik und Konflikten umzugehen,
- berührt bei Mitgliedern, die Gemeinde als emotionale Heimat empfinden, subjektiv als existenziell empfundene Gefühle und
- betrifft Mitglieder, die auch durch stillen Rückzug auftretenden Konflikten ausweichen können.

Diese Ausgangslage lässt den Schluss zu, dass die bei einer Gemeindeschließung in der NAK auftretenden Konflikte zahlreich und komplex sein werden und dass sie von den betroffenen Mitgliedern ganz unterschiedlich sowohl im Prozess als auch im Ergebnis bewältigt werden.

3 Empirische Untersuchung - Grundlagen

3.1 Konfliktumfeld

In der Literatur, die sich mit Konflikten und deren Bewältigung befasst, werden Konflikte häufig nur als solche bezeichnet, wenn mindestens zwei Menschen oder Gruppen beteiligt sind, so der "*echte Konflikt*"[103] bei G. SCHWARZ, der "*soziale Konflikt*"[104] bei GLASL, so auch "*der Konflikt*"[105] bei SINGER. Zwar werden auch "innere Konflikte", die nur einen Beteiligten haben, durchaus thematisiert[106, 107] und auch so benannt, in den z. B. von GLASL umfassend beschriebenen Systematisierungsversuchen sind sie jedoch weniger präsent.

Die Konfliktszenarien in Kirchen sind allerdings nicht vollständig und auch nicht wesentlich beschrieben, wenn nur Konflikte mit mindestens zwei Beteiligten behandelt werden. Im Mittelpunkt der kirchlichen Arbeit in der Gemeinde steht immer der einzelne Mensch mit seinen Ängsten, seinen Befindlichkeiten, seinen Unvollkommenheiten und mit seinen Sehnsüchten. Zu erwartende innere Konflikte bei Zentralisierungsprozessen in der NAK sind bei der Betrachtung der "systemimmanenten Konflikte" (vgl. Abschnitt 2.3) erkannt worden. Bei der Bewältigung solcher Konflikte muss eine Kirche ihre Mitglieder aktiv unterstützen. Die "intra-persönlichen" Konflikte[108] sind für die Kirche ein zentrales Aufgabengebiet. Solche Konflikte können nicht einfach an die Psychotherapeuten, Verhaltenspsychologen oder Sozialpsychologen delegiert werden, der Seelsorgeauftrag einer Kirche fordert ein intensives Befassen mit vielen dieser persönlichen Konflikte. Gute begleitende Seelsorge hat in der modernen Zeit auch einen psychotherapeutischen

---

[103] G. Schwarz, 2005, S. 35

[104] Glasl, 2004, S. 17

[105] Singer, 2005, S.13

[106] so bei G. Schwarz, 2005, S. 100 ff.

[107] auch bei Stockmayer, 2004, S. 37

[108] Glasl, 2004, S. 57

Ansatz, sie ist nicht mehr die bevormundende Seelsorge der Vergangenheit. Wenn der Gedankenlinie von STOCKMAYER gefolgt wird, dass zu einem Konflikt eine Situation gehört, "*die ein Ausweichen unmöglich macht*" und den inneren Konflikt als den Streit zwischen gegensätzlichen Positionen in einer Person begreift,[109] dann wird die besondere Notwendigkeit deutlich, innere Konflikte wirklich zu lösen, denn keiner kann sich selbst dauernd ausweichen.

Für die zur Beantwortung der Leitfrage notwendigen Untersuchungen scheint eine einfache Systematik der potentiellen Konflikte sinnvoll. Es werden nach den Ergebnissen der grundlegenden Untersuchungen im Abschnitt 2 im Zusammenhang mit Zentralisierungsprozessen in der NAK erwartet:

- Innere ("intra-persönliche"/"**intrapersonale**") **Konflikte** bei betroffenen Gemeindemitgliedern und anderen an den Entscheidungsprozessen beteiligten Mitgliedern,
- Soziale (**interpersonale**) Konflikte nach der Definition von GLASL als Interaktion zwischen Aktoren (Individuen, Gruppen, Organisationen usw.), "*wobei wenigstens ein Aktor eine Differenz bzw. Unvereinbarkeiten im Wahrnehmen und im Denken bzw. Vorstellen und im Fühlen und im Wollen mit dem anderen Aktor (den anderen Aktoren) in der Art erlebt, dass beim Verwirklichen dessen, was der Aktor denkt, fühlt oder will, eine Beeinträchtigung durch einen anderen Aktor (die anderen Aktoren) erfolge.*"[110]
- **Institutionelle Konflikte** (als Sonderfall der sozialen Konflikte), die zwischen den verschiedenen Entscheidungsebenen (Bezirksapostel als Leiter eines "Bezirksapostelbereiches", Leitung einer Gliedkirche, Leitung eines Bezirkes und Leitung einer Gemeinde) bei sachlichem Dissens entstehen können. Dieser Sonderfall wird aufgeführt, weil vermutet wird, dass für ihn andere Bewältigungsstrategien eingesetzt werden oder erforderlich wären

[109] wie bei Stockmayer, 2004, S. 36 - 37
[110] Glasl, 2004, S. 17

als für die Menge der sozialen Konflikte, die nicht oder teilweise nicht von einem Dissens in der Sache oder der Situationsbewertung ausgelöst werden.

Allerdings kann nicht erwartet werden, dass die in dieser Arbeit untersuchten Konflikte einschichtig einer der vorgenannten Kategorien zugeordnet werden könnten. Im Gegenteil: Die Ergebnisse des Abschnittes 2.3.2, auch die dort zitierten Feststellungen von KLESSMANN und POHL (hier sei nur auf das Bild des "Eisberges" hingewiesen), lassen erwarten, dass die Konflikte, die bei der Schließung einer Kirchengemeinde entstehen, zwar von dem Beschluss zur Schließung ausgelöst werden, diese jedoch nicht als einzigen Konfliktgegenstand behalten. Typischerweise entlädt sich an einem für die Mitglieder einer Kirchengemeinde so einschneidenden Beschluss eine Fülle von bis dahin aufgestauten Konfliktpotentialen, die eine Systematisierung schwierig erscheinen lassen. Konfliktgegenstände aus den Bereichen der intrapersonalen Konflikte werden sich mit solchen aus dem Bereich der sozialen und der institutionellen Konflikte vermischen. Das individuelle Mitglied kann sich in einer Melange aus ganz verschiedenen Konfliktarten, Konfliktgegenständen und im Konflikt mit mehreren Konfliktgegnern wiederfinden. Diese zu erwartende Individualität der Konflikte selbst muss bei der Untersuchungsmethode im Vorfeld berücksichtigt werden.

Noch komplexer kann jeder Einzelfall durch die vielfältigen Möglichkeiten, die Mitglieder einer Kirchengemeinde der NAK zur Bewältigung der durch den Beschluss zur Schließung einer Kirchengemeinde ausgelösten Konflikte haben, werden.

PONGRATZ beschreibt in seiner sehr frühen Arbeit eine Fülle von Reaktionen bei dem von ihm so bezeichneten "*Frustrationskonflikt*": Den Zwiespalt "*Hadern oder hinnehmen*" und typische Lösungen im Entscheid: Einigung, Aneignung, Abwendung, Umrichtung.[111]

SCHWEIZER kategorisiert Konfliktlösungsstrategien sehr plastisch aus juristischer Sicht in Kapitulation - Kamikaze - Konfrontation - Ko-

---

[111] Pongratz, 1961, ab S. 183, bes. S. 216-259

operation.[112] Er kommt dazu von einem ganz anderen Ansatz, nämlich einer Ableitung aus den Denkmustern der Beteiligten.

G. SCHWARZ erweitert die grundsätzlichen Möglichkeiten einer Konfliktlösung auf Flucht - Vernichtung - Unterwerfung/Unterordnung - Delegation - Kompromiss - Konsens.[113]

Interessant sind in diesem Zusammenhang auch die von KLESSMANN sehr ausführlich beschriebenen Abwehrmechanismen gegenüber Ärger und Aggression in der Kirche, z. B.

- Wendung gegen sich selbst (Selbstbestrafung)
- Verdrängung (dazu wird manchmal sogar von der Kanzel aufgefordert)
- Verleugnung
- Projektion (nicht ich habe Zweifel, sondern die Ketzer bedrohen meinen Glauben)
- Unterdrückung.[114]

Diese Abwehrmechanismen sind zum Teil auch als Konfliktbewältigungsstrategien, besonders bei den hier erwarteten intrapersonalen Konflikten, zu erwarten.

Bei dem Vergleich der hier ausgewählten Kategorisierungen fällt auf, dass Begriffe in der Literatur nicht einheitlich verwendet werden. Konfliktlösung und Konfliktbewältigung werden gleichbedeutend verwendet, das Ergebnis (die Lösung) des Konfliktes und der Prozess der Konfliktbehandlung von der Entstehung des Konfliktes bis zur Beendigung (die Bewältigung) werden mitunter vermengt. Im Sinn der Forschungsfrage dieser Arbeit geht es bei der empirischen Untersuchung um die Ausforschung der stattgefundenen Prozesse, wobei die Lösungen als Endzustände nur ein Teilergebnis sein können. Insofern sind die

---

[112] Schweizer, 1999, S. 25 - 29

[113] G. Schwarz, 2005, S. 277-314

[114] Auszüge aus Klessmann, 1992, S. 114 - 138

vorstehend zitierten Kategorisierungen hier weniger hilfreich bei der Vorbereitung der Untersuchung.

Auch wenn Konfliktlösungen vordergründig gefunden zu sein scheinen, in hierarchisch strukturierten Kirchen wie der NAK oft durch "*Unterwerfung oder (moderner:) Unterordnung*",[115] besteht der Konflikt im Hintergrund häufig unvermindert weiter. Insofern kann weder die "Unterwerfung" noch die "Kapitulation" als echte Konfliktlösung angesehen werden (vgl. dazu auch Abschnitt 2.3.4).

Kirchenmitglieder der NAK haben eine Fülle von Möglichkeiten, unspektakulär einer echten Konfliktlösung auszuweichen, z.B. durch Distanzierung (keine Beteiligung am Gemeindeleben, ohne aus der Kirche auszutreten), durch Wechsel in eine andere Kirchengemeinde der NAK, durch Wechsel in eine Kirchengemeinde einer anderen Konfession (das ist sogar möglich, ohne aus der NAK auszutreten, sogenannte "Doppelmitgliedschaft"), durch das Einstellen jeglicher aktiver Mitarbeit oder durch das Einstellen finanzieller Zuwendungen an die NAK, was für die Kirche nicht erkennbar ist (vgl. dazu Abschnitt 2.2.4).

Der schon in Abschnitt 2.6 gezogene Schluss, dass die bei einer Gemeindeschließung in der NAK auftretenden Konflikte zahlreich und komplex sein werden und dass sie von den betroffenen Mitgliedern ganz unterschiedlich sowohl im Prozess als auch im Ergebnis bewältigt werden, wird durch die Betrachtung des Konfliktumfeldes bestätigt.

3.2 Bedeutung der Forschungsfrage

"*Wie verlaufen Konflikte, die im Zusammenhang mit Fusionsprozessen in der NAK entstehen, aus der Sicht betroffener Mitglieder?*" Für die Planung der empirischen Untersuchung hat zentrale Bedeutung, welche Qualität die Antworten auf diese Frage haben sollen.

Mit der Forschungsfrage wird nach der Beschreibung eines Prozesses gefragt, nicht nur nach einem wie auch immer gearteten Qualitätsur-

---

[115] G. Schwarz, 2005, S. 285 ff.

teil über diesen Prozess. Der Verfasser möchte unter anderem Informationen über die Befindlichkeiten der von der Schließung einer Gemeinde betroffenen Mitglieder, deren christliches Selbstverständnis und deren Verhältnis zur Kirche, deren Repräsentanten, zur Gemeinde und den anderen Gemeindemitgliedern erhalten. Die Veränderungen dieser Befindlichkeiten und Verhältnisse im zeitlichen Ablauf zwischen der Erstinformation über die beabsichtigte Gemeindeschließung, der dann tatsächlichen Realisierung des Beschlusses bis hin zum Zeitpunkt der Untersuchung beschreiben einen Prozess mit definiertem Startpunkt, Zwischenstationen und Endpunkt. Das "So" als Antwort auf das "Wie" der Frage muss für jeden Befragten eine individuelle Geschichte, eine erzählende Beschreibung, eine biografische Episode werden. Die Bewältigung eines Konfliktes, der Betroffene in einem zentralen Lebensbereich berühren kann, ist ein vielschichtiger Vorgang, der nicht nur durch die Beschreibung vordergründiger Veränderungen wie Gemeindewechsel, Kirchenaustritt oder Konfessionswechsel gekennzeichnet werden könnte. Es sollen eben nicht nur vordergründige Reaktionen der Betroffenen erfasst werden, sondern auch die im Hintergrund stattgefundenen emotionalen Auseinandersetzungen. Es soll ggf. auch festgestellt werden können, ob die in der Forschungsfrage bezeichneten Konflikte von den Betroffenen bewältigt wurden. Insofern hat die Auslegung des "Wie" in der Forschungsfrage eine entscheidende Auswirkung auf das "Wie" der Untersuchungsmethode.

3.3 Untersuchungsmethode

Eine repräsentativ quantitative Forschung kam für diese Arbeit nicht in Frage, weil offene Aussprachen über Konflikte in der NAK erst seit wenigen Jahren nicht mehr verpönt sind, weil die Kriterien für die Zusammensetzung einer repräsentativen Teilmenge unerforscht sind und die Bereitschaft der Mitglieder, offen Auskünfte über Konflikte, an denen sie selbst beteiligt sind, zu geben, erst langsam wächst. Es wurde deshalb die Methode einer Einzelfalluntersuchung gewählt, wobei zehn Einzelfälle untersucht wurden.

Eine Untersuchung mit Fragebögen kam für diese Untersuchung nicht in Frage. Fragen, die die in Abschnitt 3.2 beschriebenen Erwartungen in den Antworten erfüllten, könnten schriftlich nicht eindeutig definiert werden. Es hat einige Versuche gegeben, in der NAK durch Abfragen Informationen zu erhalten. Soweit einfache Sachverhalte abgefragt wurden (z.B. "Wie viele Personen werden von Ihnen seelsorgerisch betreut?"), die jeweils gesamte Zielgruppe befragt wurde und die Beantwortung durch die Zielgruppe obligatorisch war, waren solche Befragungen sinnvoll und verwendbar. Wenn jedoch unscharfe Fragen wie "Wie zufrieden sind sie mit der Wärme / Geborgenheit in der Gemeinde" gestellt wurden, eine Antwort im "Multiple-Choice-Verfahren" möglich war, eine durch Zufallsstichprobe ausgewählte Befragungskohorte (etwa 1,4 % aller Mitglieder) befragt wurde, in der nur "aktive" Mitglieder vertreten waren und von der nur etwa die Hälfte antwortete, dann können die Ergebnisse nicht wirklich ernst genommen werden.[116]

Die in Abschnitt 3.2 beschriebene Auslegung der zentralen Forschungsfrage dieser Arbeit lässt nur eine empirische Untersuchung durch direkt geführte Interviews zu. In den Interviews sollen aus der Sicht betroffener Gemeindemitglieder die durch die Gemeindeschließung ausgelösten Konflikterleben geschildert werden können. Diese Prozesse sind nichts weniger als Teile der Biografie der interviewten Personen, individuell unterschiedlich bedeutende biografische Episoden.

Für diese Arbeit wurde eine Form des narrativen, erzählgenerierenden Interviews gewählt. Das narrative Interview ist die Standardmethode der Biografieforschung seit SCHÜTZE, der diese Methode wohl in die empirische Sozialforschung eingeführt hat.[117] Auch A. SCHWARZ hat in ihrer Vorlesung über "Qualitative Datenerhebung mittels offener In-

[116] Beispiele aus NAK NRW, 2007, Mitgliederbefragung

[117] vgl. Schütze, 1983, S. 83 ff.

terviews" für die Biografieforschung das narrative Interview als die Methode der Wahl angegeben.[118]

"*Das autobiografisch-narrative Interview eignet sich in besonderer Weise zur Analyse sozialer Phänomene in ihrer Prozesshaftigkeit*".[119] Das narrative Interview erfasst nach JAKOB also nicht nur einen Sachverhalt als solchen, sondern gibt Einblick in zeitlich ablaufende Prozesse und kann Erkenntnisse über Veränderungen von sozialen Bindungen, emotionalen Zuständen oder grundsätzlichen Lebensentwürfen vermitteln. Dabei werden diese Wahrnehmungen nicht durch eine objektive Wahrnehmung des Forschers gefiltert, sondern durch die "Wirklichkeit aus der Perspektive der handelnden und erleidenden Subjekte".[120]

Gerade die Erfassung der subjektiven Wirklichkeit der Betroffenen ist Gegenstand dieser Arbeit. Diese subjektive Wahrnehmung ist Grundlage für Entscheidungen und Befinden der von einer Gemeindeschließung betroffenen Mitglieder der NAK und muss, weil die Mitglieder und deren Lebensqualität im Fokus der Arbeit jeder Kirche stehen sollte, auch für eine Kirchenleitung von außerordentlich hoher Bedeutung sein. Darin unterscheidet sich Kirche, wie bereits in Abschnitt 2 dargelegt, grundsätzlich von anderen Gesellschaftsformen.

Die vorstehende Beschreibung der gewählten Untersuchungsmethode trifft die in Abschnitt 3.2 entwickelte Aufgabe dieser Arbeit. Eine einfache, mündliche Befragung oder ein standardisiertes Interview trüge den Besonderheiten der Forschungsaufgabe nicht Rechnung. Die ganz individuellen Geschichten, die sich um die Konflikte bei einer Gemeindeschließung entwickelt haben werden, können mit der Methode eines narrativen Interviews als Basismaterial für eine Auswertung erfasst werden.

Allerdings war zu beachten, dass bei einem klassischen erzählgenerierenden Interview darauf abgezielt wird, "*den Befragten weitgehend*

---

[118] A. Schwarz, 2009, S. 8
[119] Jakob, 1997, S. 446
[120] ebenda, S. 447

die Strukturierung des Gegenstandes zu überlassen und das Datenmaterial des Interviews nicht durch Vorgaben (Leitfragen) von Seiten des Forschenden vorzustrukturieren".[121] Tatsächlich treffen die Definition des "episodischen Interviews"[122] und dessen Ziele eher auf die Aufgabe dieser Arbeit zu, sodass die Interviews als nicht nur narrativ, sondern durchaus auch als fokussierend zu planen waren. Die Untersuchung konnte nicht darauf angelegt sein, eine Vergleichbarkeit der einzelnen Interviews zu erreichen, was oft das Ziel eines reinen Leitfaden-Interviews ist.[123] Dafür sind, wie bereits beschrieben, die zu erwartenden Emotionen und Reaktionen der Betroffenen zu unterschiedlich.

Eine Kombination aus narrativem Interview und Leitfaden-Interview mit Schwerpunkt auf der Generierung von Erzählungen wurde nach der Voruntersuchung als die vermutlich optimale Methode für die geplante Untersuchung gewählt.[124] Während die Bezeichnung "episodisches Interview" mehr von dem Inhalt geprägt ist, bestimmt die Methodik die Bezeichnung "narrativ-fokussiertes Interview".[125]

3.4 Repräsentanz und Vergleichbarkeit der Ergebnisse

Antworten, die repräsentativ für "die NAK", also die Kirche weltweit oder europaweit oder für den Bereich einer Gebietskirche sein könnten, können nicht erwartet werden. Für das Konfliktverhalten von Mitgliedern der NAK in Bezug auf Repräsentanzparameter wie Alter, Geschlecht, Bildung, Engagement in der Kirche, Sozialisationshintergrund, Dauer der Mitgliedschaft in der Kirche bzw. Gemeinde, ausgeübtes Ehrenamt und andere denkbare Auswahlkriterien gibt es keinerlei wissenschaftlich verwendbare Erkenntnisse. Eine Forschung auf diesem Gebiet hat bisher nicht stattgefunden. Das mag daran liegen, dass die allgemeine Tendenz in Kirchen, Konflikte zu verdrängen, Forschung auf einem

---

121 Friebertshäuser, 1997, S.386

122 Flick, Uwe, zitiert von Friebertshäuser, 1997, S. 387

123 vgl. dazu auch Friebertshäuser, 1997, S. 375

124 so auch bei A. Schwarz, 2009, S. 9

125 z.B. bei Pfaff, 2006, S. 1

Gebiet, dessen Existenz abgestritten wird, von vornherein als wenig ergiebig erscheinen lässt.

Aus den Voruntersuchungen konnte abgeleitet werden, dass die als Datenmaterial erfassten und anschließend analysierten biografischen Episoden auch nicht in dem Sinn vergleichbar sind, dass man typische Muster, die spezifisch für Geschlecht, Alter, Dauer der Kirchenzugehörigkeit, Art und Dauer einer ehrenamtlichen Tätigkeit, geografische Lage der Gemeinde oder ähnliche Parameter, ernsthaft aus den wenigen Erzählungen ableiten könnte. Solche Erwartungen hätten vielleicht vor etlichen Jahrzehnten, als die Mitgliederstruktur der NAK eher homogen war (vgl. Abschnitt 2.2.1), eine gewisse Grundlage haben können. In der heutigen Zeit, in der auch in der hierarchisch strukturierten NAK in Westeuropa die Mitglieder nicht nur eigene Meinungen haben, sondern diese auch äußern, in der die Mitglieder aus allen Bildungsschichten stammen und auch in Glaubensfragen selbstbewusste Entscheidungen treffen, können für die hier gestellte Forschungsfrage keine repräsentativen Ergebnisse erzielt werden, weil dazu eine vorgehende breit angelegte Sozialforschung gänzlich fehlt.

Als Ergebnis wurden ganz verschiedene Episoden mit subjektiv unterschiedlichen Prozessen und Emotionen erwartet, die nur mögliche Varianten von einer nicht bekannten, jedenfalls aber sehr großen Menge unterschiedlicher Konfliktbewältigungsprozesse darstellen. Allerdings wurde erwartet, dass aus der Analyse der empirischen Untersuchung Hinweise auf den möglichen Einsatz der Mediation im Zusammenhang mit den hier untersuchten Konflikten gefunden werden können. Diese Erwartung beeinflusste auch die Konzeption der Interviews.

3.5 Ergebnis

In dieser Arbeit wird mit der Forschungsfrage "*Wie verlaufen Konflikte, die im Zusammenhang mit Fusionsprozessen in der NAK entstehen, aus der Sicht betroffener Mitglieder?*" nicht nach einer Antwort oder nach der Beschreibung eines für betroffene Mitglieder der NAK "typischen" Konfliktverlaufes gesucht, weil es weder eine Antwort noch ein "typisches" Mitglied gibt. Für jedes interviewte Mitglied der NAK, welches von der Schließung einer Kirchengemeinde betroffen war, wird die Antwort auf die Forschungsfrage die strukturierte Beschreibung eines jeweils ganz individuellen Prozesses sein. Diese Antworten werden diskutiert, nach Gemeinsamkeiten und Unterschieden wird gesucht werden müssen, um die Ergebnisse zusammenfassen zu können.

4 Empirische Untersuchung - Durchführung

4.1 Auswahl der Verfahren

Für die Datenerhebung der empirischen Untersuchung wurde die Durchführung von narrativ-fokussierten Interviews gewählt (vgl. Abschnitt 3.3). Die qualitative Inhaltsanalyse des so gewonnenen Datenmaterials wurde nach den Grundlagen und Techniken, die MAYRING beschrieben hat und die sich für die Art des in dieser Untersuchung zu beschaffenden Materials gut eignen, durchgeführt.[126]

4.2 Auswahl, Gewinnung und Erstreaktion der Interviewpartner

4.2.1 Auswahl

Die Auswahl der Interviewpartner war eine Arbeitsphase, die direkten Einfluss auf die Qualität und die Repräsentanz der Ergebnisse haben musste. Die besonderen Verhältnisse innerhalb der NAK beschränkten die mögliche Auswahl von vornherein stark. Unter Berücksichtigung der Unsicherheiten des vorhandenen Quellenmaterials hat die Studie der Arbeitsgruppe Demografie der NAK Deutschland festgestellt, dass nur etwa die Hälfte der Mitglieder als aktiv bezeichnet werden können, das heißt, dass nur diese Teilmenge wenigstens einen losen Kontakt zu ihrer Kirche hat.[127] Damit fällt die andere Hälfte der Mitglieder als Pool für potentielle Interviewpartner aus.

Kritik und Konflikte sind bei den Mitgliedern der NAK, geschichts- und sozialisationsbedingt, häufig negativ belegte Begriffe (vgl. Abschnitt 2.3.1). Es bestand also das Risiko, dass vorwiegend ohnehin der NAK gegenüber kritisch eingestellte Mitglieder bereit wären, dem Verfasser in einem Interview offen ihre Reaktionen auf die Schließung

---

[126] Mayring, 2008

[127] Arbeitsgruppe Demografie, 2008, S. 93

ihrer Gemeinde zu schildern. Das hätte das zu ermittelnde Gesamtbild einseitig verzerrt. Es wurden deshalb auch leitende Amtsträger der NAK in den Ländern Deutschland / Österreich / Schweiz um Hilfestellung bei der Aufnahme von Kontakten gebeten. Damit sollte erreicht werden, dass auch solche Mitglieder angesprochen wurden, die den leitenden Funktionsträgern nicht als "notorische Kritiker" aufgefallen waren. Es musste berücksichtigt werden, dass Mitglieder, die der Kirchenführung auch bei Organisationsentscheidungen eher kritiklos folgen, für ein offenes Interview weniger erreichbar sind. Zwei der elf interviewten Mitglieder wurden durch eine derartige Vermittlung gewonnen. Alle übrigen Kontakte ergaben sich aus persönlichen Bekanntschaften oder durch Hinweise von Freunden und Bekannten des Verfassers.

Um einen gewissen Querschnitt in der Auswahl der Interviewpartner zu erzielen, wurde versucht, Mitglieder, die in der jeweils geschlossenen Gemeinde aktiv waren (Amtsträger, Lehrer/Lehrerinnen, Chormitglieder) beider Geschlechter zu erreichen. Außerdem sollten nach Möglichkeit verschiedene Altersgruppen vertreten sein. Es sollte ebenfalls vermieden werden, dass Besonderheiten des Einzelfalls, wie z.B. Personen und Führungsstile der leitenden und für die Gemeindeschließung entscheidungsbefugten Mitarbeiter der Kirche, lokale Besonderheiten einer Gemeinde oder interne Streitigkeiten in dieser Gemeinde bei der Analyse des Datenmaterials überbewertet würden oder unerkannt blieben. Deshalb sollten Informationen aus verschiedenen Schließungsprozessen gewonnen werden.

Im Rahmen der Vorbereitungen der Interviews wurde auch ein Bezirksvorsteher i.R. der NAK, der in seiner aktiven Amtszeit elf Gemeindeschließungen begleitete, durch den Verfasser in einem Interview zu einigen Aspekten seiner Erfahrungen befragt.[128]

---

[128] Das Interview wurde in der Langfassung vollständig als Anhang beigefügt und auf einzelne Aussagen im Text Bezug genommen. In dieser gestrafften Version wurde das Interview als Arbeitsdokument nicht aufgenommen und die Verweisstellen entsprechend geändert.

4.2.2 Ansprache, Vorbereitung und Erstreaktion

Potentielle Interviewpartner, also Mitglieder der NAK, die persönlich die Schließung ihrer bisherigen Kirchengemeinde erlebt hatten, wurden zunächst mit einer E-Mail angesprochen, in der der Verfasser sich selbst und sein Vorhaben vorstellte. Auch die geplante Interviewmethode wurde beschrieben und sowohl die Vertraulichkeit der erhobenen Daten als auch eine völlige Anonymisierung zugesichert. Mit den ersten elf Personen, die ihre Bereitschaft erklärten, zu dem Forschungsthema aus ihren persönlichen Erfahrungen zu berichten, wurden dann nach weiteren Absprachen Interviews geführt.

Leider stellte sich nach einem Interview heraus, dass das Tonaufnahmegerät nicht richtig funktioniert hatte und keine verwertbare Aufzeichnung des Interviews zu rekonstruieren war. Es wurde darauf verzichtet, das Interview zu wiederholen, weil bei dieser Arbeit der Inhalt der berichteten biografischen Episoden ganz wesentlich von der Spontaneität der Ersterzählung und den dabei entstehenden Emotionen beeinflusst wird.

4.2.3 Ablehnende Reaktionen

Etliche der angesprochenen Personen haben ein Interview mit der Begründung abgelehnt, dass man das Thema für sich selbst abgeschlossen habe und dieses nicht wieder anrühren wolle. Eine Absage wurde mit aktuellen persönlichen Problemen begründet, die man nicht noch durch die Beschäftigung mit einem so schweren Thema verstärken wolle.

4.2.4 Beschreibung der Interviewpartner

Es wurden elf Interviewpartner (vier Frauen und sieben Männer) gewonnen, die alle zumindest bis zur Schließung ihrer Kirchengemeinde in dieser aktiv und engagiert waren. Fünf der sieben männlichen Interviewpartner waren Amtsträger in der Gemeinde. Zehn der elf Interviews wurden ausgewertet (vgl. Abschnitt 4.2.2). Es wurden Betroffene aus vier verschiedenen Gemeindeschließungen interviewt. Diese vier geschlossenen Gemeinden gehörten zu vier verschiedenen Kirchenbezirken in drei verschiedenen deutschsprachigen Gebietskirchen. Es waren somit auch vier verschiedene Bezirksleitungen und drei Kirchenleitungen beteiligt.

Die nachstehende Matrix beschreibt die für die Arbeit wesentlichen Merkmale der Interviewpartner, deren Interviews auch ausgewertet werden konnten. Die Matrix ist chronologisch in der Reihenfolge der Transkribierung sortiert, diese Sortierung hat keine weitere Bedeutung. Wegen der hohen Bedeutung der Anonymisierung der personenbezogenen Daten (dazu vgl. Abschnitt 4.4.3) wurden die Angaben in der nachstehenden Übersicht so allgemein gehalten, dass eine Identifizierung der Interviewten daraus nicht möglich ist.

Interviewpartner lfd. Nr.	Altersgruppe [Jahre]	Geschlecht	Aktivitätsgruppe	Zugehörigkeitsdauer in Jahren	
				NAK	Gemeinde
1	40 - 59	m	AT	seit Geburt	0 - 5
2	25 - 39	w	C	seit Geburt	0 - 5
3	25 - 39	m	AT, F	seit Geburt	0 - 5
4	> 60	m	AT, F	> 60	> 20
5	25 - 39	m	AT	seit Geburt	>20
6	15 - 24	m	C	seit Geburt	11 - 20
7	40 - 59	w	C	seit Geburt	> 20
8	> 60	m	AT	>20	11 - 20
9	25 - 39	w	C	seit Geburt	0 - 5
10	40 - 59	w	F	seit Geburt	11 - 20

Legende: AT = Amtsträger, F = ehrenamtliche Funktion (Lehrer, Chorleiter u. ä.), C = Mitglied im Gemeindechor

Die Angaben in der Tabelle beziehen sich auf die Tätigkeit in und die Zugehörigkeit zu der alten Gemeinde. Die Schließungen der Gemeinden, über die die Interviewten berichteten, lagen zwischen einem und fünf Jahren zurück.

4.3 Durchführung der Interviews

4.3.1 Datenerhebung

Die Interviews wurden im Zeitraum vom 29.7.2010 bis zum 16.1.2011 durchgeführt. Die Interviews wurden mit einen Tonaufnahmegerät (Philips Diktiergerät Digital Voicetracer (Interview 1, 2), Blackberry Bold 9700 (Interview 3-10)) aufgezeichnet.

4.3.2 Planung und Durchführung der Interviews

Der Verfasser hat alle Interviews ohne Begleiter durchgeführt. Dazu hat er sich nach vorheriger Terminabstimmung mit dem Interviewpartner getroffen, wobei der Ort des Treffens letztlich immer vom Interviewpartner bestimmt wurde. Mit dieser Wahlmöglichkeit sollte möglichst eine dem Interviewpartner bekannte und vertraute Atmosphäre geschaffen und damit ein offenes und vertrauliches Interview ermöglicht werden. Allerdings bot sich diese Wahl auch aus rein praktischen Gründen an, da die Interviewpartner bis zu 1.000 km vom Wohnort des Verfassers entfernt leben.

Die Interviewpartner wurden bei den ersten telefonischen Kontakten nochmals über das Thema des geplanten Interviews, d.h. das Ziel dieser Forschungsarbeit, informiert. Darüber hinaus wurde mit ihnen über die geschätzte Dauer des Interviews und dessen technische Durchführung, die Aufnahme des Gesprächs mit einem Audiogerät und die folgende Transkribierung für die wissenschaftliche Auswertung gesprochen. Wichtig war dem Verfasser schon bei diesen ersten Kontaktaufnahmen absolute Vertraulichkeit sowohl der Tonaufnahmen als auch der Transkripte zuzusichern und zu erläutern, dass die in der Arbeit letztlich veröffentlichten Daten so anonymisiert würden, dass eine

Rückverfolgung und damit Identifizierung des Interviewpartners für Dritte unmöglich sein würde.

Wie in Abschnitt 3.3 untersucht, wurden die Interviews in der Form des dort zitierten "narrativ-fokussierten Interviews" geplant. Der befragte Interviewpartner sollte die Möglichkeit haben, die Schilderung seiner Wahrnehmung der Vorgänge um die erlebte Schließung seiner Kirchengemeinde dort beginnen zu lassen, wo er den Anfang sah. Er sollte frei sein, auch persönliche Erfahrungen aus der Vorgeschichte zu berichten, die für ihn Bedeutung im Zusammenhang mit der zu erforschenden biografischen Episode haben. Die Seminarunterlage von A. SCHWARZ wurde zur Konzeption der Interviews mit verwendet.

Die **Struktur der Interviews** sah einen Wechsel zwischen sehr offenen erzählauffordernden und fokussierenden Fragen vor. Die nachstehend beschriebenen Fragen und Erzählaufforderungen werden hier nur sinngemäß wiedergegeben, jedes Interview führte in Details zu anderen Formulierungen. Auch wechselte die Reihenfolge der Erzählphasen, wenn der Interviewte in seiner Erzählung von sich aus bereits andere Abschnitte behandelte.

I. Gegenseitige Begrüßung. Vorstellung der eigenen Person des Verfassers. Wiederholung der bereits im Vorfeld besprochenen Inhalte, Abläufe und Vereinbarungen. Dank an den Befragten für die Möglichkeit des Interviews, den damit verbundenen Zeitaufwand und das daran geknüpfte Vertrauen in die zugesagte Vertraulichkeit.

II. Fokussierte Eingangsfragen nach Alter, Zugehörigkeiten zur NAK und Gemeinde, ggf. Amtsstufe.

III. Erzählaufforderung: Was hat Ihnen Ihre Gemeinde bedeutet, bevor Sie wussten, dass sie geschlossen werden soll?*

IV. Erzählaufforderung: Wie haben Sie den Prozess der Schließung erlebt?*

V. Erzählaufforderung: Wie haben Sie dann die Eingliederung in die neue Gemeinde erlebt?*

VI. Erzählaufforderung: Wie erleben Sie heute die neue Gemeinde, auch im Vergleich zu Ihrem Erleben in der alten Gemeinde?*

VII. Fokussierte Fragen: Wer hat damals den Beschluss, dass die Gemeinde geschlossen werden sollte, kommuniziert? Wie wurde dieser Beschluss begründet?

VIII. Erzählaufforderung: Was hat die Argumentation bei Ihnen ausgelöst?*

IX. Fokussierte Fragen: Welcher Zeitraum lag zwischen der Ankündigung und der Durchführung des Beschlusses? Hielten Sie diesen Zeitraum für angemessen?

X. Fokussierte Frage: Welche Art der beratenden oder seelsorgerischen Begleitung wurde Ihnen durch die NAK angeboten?

XI. Erzählaufforderung: Welche Empfindungen haben Sie heute, wenn Sie an diese Vorgänge denken?*

XII. Fokussierte Frage: Wenn Sie der Kirchenleitung oder den Funktionsträgern für zukünftige Vorhaben einen Rat geben könnten, wie sähe der aus?

XIII. Abschließende Einladung zu einem Gedankenspiel: Angenommen, Sie würden die Vorgänge in einem Buch veröffentlichen oder verfilmen: Welchen Titel hätte das Buch oder der Film?

XIV. Abschließendes Erzählangebot: Fällt Ihnen jetzt noch etwas ein, was ich hätte fragen sollen oder was Ihnen im Zusammenhang mit diesem Erleben wichtig ist?*

XV. Abschließender Dank durch den Interviewer, gegenseitige Verabschiedung.

* In den Erzählphasen ggf. zwischendurch Verständnisfragen, Bitten um Detaillierung einzelner Erzählaussagen oder den Erzählfluss fördernde Anregungen durch den Interviewer, der aber im Wesentlichen Zuhörer blieb.

Alle Interviews waren von einem ungewöhnlich offenen und vertrauensvollen Miteinander zwischen Interviewer und Interviewtem geprägt. Teilweise waren die Erzählungen außerordentlich emotional. Die Interviewdauern lagen zwischen einer halben und einer Stunde. Um den Erzählfluss zu erhalten, wurde selbst längeres scheinbares Abschweifen nicht unterbrochen, da auch diese Schilderungen möglicherweise Hinweise zu Hintergründen der untersuchten Prozesse liefern konnten.

4.4 Datenaufbereitung

Die Aufbereitung und spätere Analyse folgt im Wesentlichen den von MAYRING beschriebenen Grundlagen und Techniken.[129]

Die Materialien aus den einzelnen Interviews wurden bis zum letzten Arbeitsschritt getrennt gehalten, d.h. jedes Transkript wurde einzeln allen nachstehend beschriebenen Arbeitsschritten unterzogen. Diese Vorgehensweise war zwingend notwendig, denn die in den Interviews geschilderten biografischen Episoden können nicht miteinander vermengt und gemeinsam ausgewertet werden, ohne dass die einer Biografie eigene Individualität verloren ginge (dazu vgl. Abschnitt 3).

4.4.1 Transkribierung

Die Tonaufnahmen wurden transkribiert, wobei auch wichtige Nebeneffekte (wie Zögern, Lachen, Sprachunsicherheiten oder besonders erkennbare Emotionen der Interviewten) sowie die Zeitdauern der einzelnen Abschnitte des jeweiligen Interviews vermerkt wurden. Die Transkripte der Interviews (zwischen 6 und 15 Seiten lang, zusammen 115 Seiten) ergaben das (Roh-) Ausgangsmaterial für die spätere Analyse.

4.4.2 Erste Reduktion

Gerade bei der hier gewählten Befragung in Form eines narrativen Interviews, bei dem als Ergebnis von dem Interviewpartner eine biografi-

---

[129] Mayring, 2008, besonders Abschnitt 5

sche Episode erzählt wird, können auch viele Informationen, Emotionen und Hinweise in den Erzählungen enthalten sein, die themenfremd sind. Diese wenigstens grob herauszufiltern, ist wichtig für eine weitere systematische Bearbeitung des Materials. Für die spätere Analyse wurden bereits hier die sicher nicht für die Forschungsaufgabe verwertbaren Informationen gelöscht. Das waren die Aussageblöcke, die keinen faktischen oder emotionalen Zusammenhang mit den in dem Interview gestellten Erzählaufforderungen bzw. fokussierenden Fragen hatten (1. Reduktion). Dieser Arbeitsschritt stellte sich als herausfordernd dar, denn in den Interviews wurden viele Konflikte angesprochen, bei denen ein Zusammenhang mit der Gemeindeschließung nicht auf den ersten Blick erkannt oder ausgeschlossen werden konnte.

4.4.3 Redaktion und Anonymisierung

Die Erzählweisen der Interviewten waren extrem unterschiedlich. Das mag verschiedene Gründe haben. Zwischen dem jüngsten und dem ältesten Interviewpartner liegen zwei Generationen. Die Interviewten kamen aus sehr unterschiedlichen Gegenden, sozialen Schichten und waren auch sehr verschieden in ihrer Redebegabung und -freude. In einem Satz waren manchmal ganz verschiedene, auch nicht zusammenhängende Informationen enthalten. Viele Sätze gingen grammatisch nicht auf, Gedankensplitter blieben unvollendet.

Die nach der 1. Reduktion verbliebenen Daten wurden in sinnvolle Einzelaussagen aufgeteilt. So wurden aus einem überlangen Satz mit vielen verschiedenen Einzelaussagen mehrere Sätze mit je einer Aussage. Unvollständige Sätze wurden sinngemäß mit der Wortwahl des Interviewten ergänzt, wenn sie sonst nicht für sich aussagekräftig waren. Die so erhaltenen Einzelinformationen und die Fragen des Interviewers wurden durchnummeriert.

Gerade Gemeinden der NAK, die von einer Kirchenschließung betroffen waren und sind, haben eine eher überschaubare Mitgliederzahl, die bei den hier untersuchten Fällen nicht über 100 aktive Mitglieder hinausging. Man kennt sich. Unterschiedliche Auffassungen, wie man mit Entscheidungen der Kirchenleitung umgehen sollte, was "man als neuapostolischer Christ" zu denken und zu tun habe, sind in jeder Gemeinde vorhanden - eine Erkenntnis, die sich in den Interviews im Übrigen auch bestätigte. Es musste sichergestellt werden, dass für Dritte aus den möglicherweise veröffentlichten Daten keine Rückverfolgung zu Personen und Gemeinden möglich sein konnte. Deshalb wurden Familiennamen durch Buchstaben U bis Z ersetzt. Gemeindebezeichnungen wurden durch die Buchstaben A (das ist in allen Fällen die geschlossene Gemeinde), B bis E mit dem vorlaufenden Begriff "Gemeinde" ersetzt. Ortsnamen wurden durch die Buchstaben O bis S ersetzt. Amtsbezeichnungen wurden einheitlich mit AT (bzw. LAT für die bezirks- und kirchenleitenden Amtsträger) abgekürzt und das Kürzel AP wurde für die Amtsstufen Apostel und Bezirksapostel verwendet.

Wo aus Detailschilderungen der Vorgänge oder aus Worten, die einem regionalen Dialekt zugeordnet werden können, Rückschlüsse auf den tatsächlichen Einzelfall möglich waren, wurden die Schilderungen inhaltsneutral umformuliert.

Diese strikte Anonymisierung war erforderlich, um die Interviewten bei einer Veröffentlichung dieser Arbeit vor möglichen Anfeindungen durch andere Gemeindemitglieder oder Amtsträger zu schützen, die sich bei den manchmal engen sozialen Bindungen der Mitglieder untereinander für die Betroffenen katastrophal auswirken können.

4.5 Qualitative Inhaltsanalyse

4.5.1 Methodenwahl

Die theoretischen Untersuchungen haben erwarten lassen, dass die entstandenen Konflikte vielschichtig und mit alten, aufgestauten Problematiken behaftet sein werden. Es wurde auch erwartet, dass die Bewältigungsprozesse und die Konfliktlösungen ganz unterschiedlich und von der individuellen Ausgangslage geprägt sein werden. Eine erste Übersicht der Transkripte bestätigte diese Erwartungen.

Die Wahl der Methode der Inhaltsanalyse hängt entscheidend von dem Ziel der Auswertung ab. Die Forschungsfrage "*Wie verlaufen Konflikte, die im Zusammenhang mit Fusionsprozessen in der NAK entstehen, aus der Sicht betroffener Mitglieder?*" erfordert als Antwort die Beschreibung eines Prozesses (vgl. Abschnitt 3). Individuelle Ausgangslage, emotionale und faktische Erstreaktionen, emotional und/oder rational gesteuerte Entscheidungen und die Beschreibung einer individuellen Schlusssituation sollen durch die Analyse des Ausgangsmaterials ermittelt werden. Die so analysierten zehn verschiedenen Bewältigungsprozesse sollen nebeneinander gestellt werden können. Um dieses zu erreichen, müssen aus dem vorhandenen Material bestimmte Inhalte herausgezogen und in einer vergleichbaren Struktur aufbereitet werden. Für diese Aufgabe eignet sich besonders die "*qualitative Technik der Strukturierung*"[130] und hier die der "*inhaltlichen Strukturierung*".[131] Gerade diese Technik hat zum Ziel, "*bestimmte Themen, Inhalte, Aspekte aus dem Material herauszufiltern und zusammenzufassen*".[132] "*Welche Inhalte aus dem Material extrahiert werden sollen, wird durch theoriegeleitet entwickelte Kategorien und (sofern notwendig) Unterkategorien bezeichnet*".[133] Genau diese Aufgabenstellung liegt hier vor.

Die Technik der Zusammenfassung mit induktiver Kategorienbildung[134] war nach Ansicht des Verfassers für die Aufgabenstellung weniger geeignet. Die transkribierten Erzählungen wiesen zu unterschiedliche Abläufe, Schwerpunkte und anlassbezogene Verschiedenheiten auf, als dass aus ihnen heraus für Vergleichszwecke Kategorien gebildet werden konnten. Es war kein einheitliches Datenmaterial zu analysieren, sondern zehn verschiedene Materialien sollten inhaltlich so strukturiert werden, dass sie bei der nachfolgenden Diskussion der Ergebnisse vergleichbar nebeneinander gestellt werden konnten. Dazu eignet sich

---

130 ebenda, S. 82 ff.

131 ebenda, S. 89

132 ebenda

133 ebenda

134 ebenda, S. 59 ff.

eine induktive Kategorienbildung, die aus dem jeweils ganz individuellen Materialsatz entwickelt wird, nicht.

4.5.2 Paraphrasierung

Die anonymisierten Einzelaussagen aus dem in Abschnitt 4.4.4 beschriebenen Arbeitsschritt wurden in eine EXCEL-Tabelle mit den notwendigen Identifizierungsangaben (lfd. Nummer Interviewpartner, Aussagenummer) übertragen und paraphrasiert, in dem nicht für den Inhalt der einzelnen Aussage erforderliche Bestandteile gestrichen und die Aussagen auf ein einheitliches Sprachniveau gebracht wurden. Dass bei einem solchen Arbeitsschritt das Risiko eines ungewollten Interpretierens besteht, fiel besonders im Vergleich der einzelnen Sprachgewohnheiten auf. Einheitliches Sprachniveau bedeutete auch das Interpretieren von Formulierungen wie "Das war auch Scheiße", "supernett", "blödes Gefühl" oder "man war sehr geplättet" u. a. m.. Paraphrasieren bedeutete auch, dass eine ironisch gemeinte Aussage jetzt im wirklichen Sinn dargestellt wurde. Gerade in dieser Arbeit, in der Emotionen und deren Intensität für die Beschreibung der Konfliktbewältigungsprozesse wichtige Bestandteile sind, wurde die Notwenigkeit gesehen, neben einer möglicherweise unscharfen Formulierung auf einheitlichem Sprachniveau ständig die originale Aussage in der ursprünglichen Formulierung stehen zu lassen. Es wurde deshalb entschieden, in allen weiteren Bearbeitungsschritten neben der Paraphrase auch den anonymisierten und redigierten Urtext mitlaufen zu lassen.

Bei der Paraphrasierung wurden auch die Schwierigkeiten und Grenzen dieses Arbeitsschrittes erkannt. Nicht jede Aussage in den Interviews ergab, selbst wenn sie vollständig formuliert worden war oder zur Vollständigkeit ergänzt werden konnte, eine tatsächlich verwertbare und in sich verständliche Information. Eine Aussage wie "Ich empfand zu Anfang nur Wut" muss durch eine weitere Materialsuche ergänzt werden, damit bei der Analyse verständlich wird, weshalb und auf wen oder was der Interviewte wütend war. Eine Zerlegung des Textmaterials in kleinste Fragmente, wie es bei anderen Aufgabenstellungen möglich sein mag, war hier nicht sinnvoll. Deshalb wurden die Paraphrasen zumindest in der Form eines ganzen Satzes formuliert, teilweise auch als Satzblöcke. Es zeigte sich, dass das parallele Weiterführen der redigierten und anonymisierten Grundtexte eine wesentliche Erleichterung für die strukturierte Darstellung der Ergebnisse (vgl. Abschnitt 4.6) und die Interpretation und Diskussion (vgl. Abschnitt 5) war.

4.5.3 Kategorienbildung

Wie aus Abschnitt 3, besonders bei Abschnitt 3.2, abgeleitet wurde, konnte eine Gegenüberstellung der zu untersuchenden Prozesse nur erreicht werden, indem jeder Prozess in seinem zeitlichen Ablauf dargestellt wurde. Der Ausgangspunkt (Kategorie 1) jedes dieser Prozesse war das Bekanntwerden der Absicht, die jeweilige Kirchengemeinde zu schließen. Die Situation zu diesem Zeitpunkt war zu beschreiben und zu analysieren. Zu dieser Kategorie sind auch mögliche Vorgeschichten zu zählen, die mit der Bekanntgabe der Schließungsabsicht für den Betroffenen bedeutend wurden. Der Endpunkt (das "Heute" in den Interviews, Kategorie 5) war der Zeitpunkt, zu dem das Interview geführt wurde. Dazwischen lag ein Übergangsprozess mit Frühreaktionen (Kategorie 2) und späteren Reaktionen (Kategorie 3), in der der Betroffene auf die neu entstandene Situation in der Gemeinde reagierte. Ganz bewusst wurden bei der deduktiven Bildung der Kategorien auch solche gebildet, in die die Aussagen über das Verhalten anderer Betroffener eingeordnet wurden. Das Verhalten anderer kann aus der Wahrnehmung des jeweils Interviewten auch Anlass für interpersonale Konflikte sein. Solche Zusatzinformationen können auch für die Gesamtschau in Abschnitt 5.2 wichtig sein.

Die Bewertungen des so zeitlich geordneten Prozesses durch den jeweils Interviewten wurden in einer eigenen Kategorie (Kategorie 4) gesammelt. Damit sollte erreicht werden, dass die scheinbar objektiven Sachverhaltsdarstellungen und die jedenfalls subjektiven Bewertungen getrennt analysiert werden konnten. Dass allerdings auch die Sachverhalte subjektiv wahrgenommen und dargestellt wurden, darf nicht vergessen werden.

Eine erste Festlegung von Kategorien und Unterkategorien wurde an dem ersten Interview erfolgreich getestet. Die Kategorie 60 (Hinweise des Interviewten zur Prozessoptimierung) wurde für Ableitungen im Abschnitt 6 angefügt.

Theoriegeleitete Kategorisierung

1 Ausgangszustand für den Interviewten

- 10 Allgemein, nicht den nächsten Unterkategorien zuzuordnen
- 11 Bedeutung der Gemeinde für den Betroffenen
- 12 Eigenes Engagement des Betroffenen in der Gemeinde
- 13 Eigene Wahrnehmung des Zustandes der Gemeinde

2 Frühreaktionen

- 20 Allgemein, nicht den nächsten Unterkategorien zuzuordnen
- 21 emotionale Reaktionen des Betroffenen
- 22 emotionale Reaktionen anderer Betroffener (Schilderung des Betroffenen)
- 23 faktische Reaktionen des Betroffenen
- 24 faktische Reaktionen anderer Betroffener (Schilderung des Betroffenen)

3 Spätreaktionen (bis zur Zeit des Interviews)

- 30 Allgemein, nicht den nächsten Unterkategorien zuzuordnen
- 31 emotionale Reaktionen des Betroffenen
- 32 emotionale Reaktionen anderer Betroffener (Schilderung des Betroffenen)
- 33 faktische Reaktionen des Betroffenen
- 34 faktische Reaktionen anderer Betroffener (Schilderung des Betroffenen)

4 Bewertung des Fusionsprozesses durch den Betroffenen

40 Allgemein, nicht den nächsten Unterkategorien zuzuordnen

41 Identifizierung eines Konfliktgegners ("Verantwortlichen")

42 Bewertung des Entscheidungsprozesses

43 Bewertung der Information (Transparenz und Vollständigkeit)

44 Beteiligung der Gemeindemitglieder

45 Bewertung der Kommunikation (Methode und Ablauf)

46 Bewertung der Begründung der Maßnahme

47 Bewertung der durch die NAK angebotenen Unterstützung

48 Bewertung der Übergangsphase

49 Kurzbewertung ("Titelfrage")

5 Zustand zur Zeit des Interviews für den Betroffenen

50 Allgemein, nicht den nächsten Unterkategorien zuzuordnen

51 Bedeutung der NAK für den Betroffenen

52 Bedeutung der Gemeinde für den Betroffenen

53 Eigenes Engagement des Betroffenen in der Gemeinde

54 Eigene Wahrnehmung des Zustandes der Gemeinde

60 Hinweise zur Prozessoptimierung

4.5.4 Kategorisierung, Sortierung und zweite Reduktion

Die Materialien aus den einzelnen Interviews wurden weiterhin bis zum letzten Arbeitsschritt getrennt gehalten, d.h. jedes Transkript wurde einzeln allen nachstehend beschriebenen Arbeitsschritten unterzogen. Diese folgten weiterhin dem Konzept von MAYRING.[135]

Jede Paraphrase der in Abschnitt 4.5.2 beschriebenen EXCEL-Tabelle wurde einer im vorigen Abschnitt deduktiv gebildeten Unterkategorie oder der Kategorie 60 zugeordnet. Es zeigte sich wie erwartet,

---

[135] ebenda, S. 89

dass nicht alle Interviews Aussagen zu allen Kategorien und Unterkategorien enthielten.

Die so entstandene Tabelle wurde nach Unterkategorien sortiert. Paraphrasen, die in einer Unterkategorie gleichen oder sehr ähnlichen Inhalt hatten, wurden gestrichen (die "2. Reduktion" bei MAYRING).

Eine vergleichbare Generalisierung von Paraphrasen der verschiedenen biografischen Episoden ist nicht möglich, denn die Individualität der subjektiv empfundenen Konflikte lässt sich nicht "verallgemeinern". MAYRING sieht eine Generalisierung in dem hier gewählten Analyseverfahren auch nicht vor.

4.5.5 Dokumentation[136]

Bei der beschriebenen Arbeitsweise entstanden für jedes Interview 5 Einzeldokumente: A: Transkript Urtext (ohne Korrekturen bei Rechtschreibung, Zeichensetzung und Grammatik) - B: Transkript nach 1. Reduktion (ohne Korrekturen bei Rechtschreibung, Zeichensetzung und Grammatik) - C: Transkript nach Redaktion und Anonymisierung - D: EXCEL Tabelle nach Paraphrasierung und Kategorisierung - E: EXCEL Tabelle nach Sortierung und 2. Reduktion.

4.6 Ergebnisse

Der Inhalt der Forschungsfrage und die Qualität der erwarteten Antwortaussagen ließen eine eigene Art der Ergebnisdarstellung als besonders sinnvoll erscheinen: Aus den zehn nach Unterkategorien sortierten und in der zweiten Reduktion verdichteten Analysematerialien wurden

---

[136] Wegen der Vertraulichkeit des Rohmaterials wurden der originalen Studie nur die Dokumente D und E beigefügt. Die Dokumente A, B und C blieben in Verwahrung des Verfassers. Die Arbeitsschritte A, B und C wurden in der Studie durch ein (wegen der notwendigen Anonymisierung durch den Verfasser verfremdetes) längeres Beispiel beschrieben. Dieses Beispiel wurde in dieser gestrafften Fassung ebenfalls entfernt, denn in dieser Fassung geht es dem Verfasser nicht mehr um den für die Studie notwendigen Nachweis sorgfältiger und systematischer wissenschaftlicher Arbeitsweise.

auf einheitlichem Sprachniveau zehn biografische Episoden in einer prozessorientierten Struktur dargestellt. Diese Struktur orientiert sich am zeitlichen Ablauf der jeweils geschilderten Episode. Die Ergebnisse dieses Arbeitsschrittes waren für den Verfasser besonders hilfreich bei der Diskussion der Ergebnisse. Alle Aussagen in diesen Darstellungen geben die subjektive Wahrnehmung des jeweiligen Interviewpartners wieder, sie werden jedoch in der 3. Person Einzahl geschildert.[137] Zur Vereinfachung wird geschlechtsneutral von "dem Interviewpartner" gesprochen. Um die Subjektivität der Wahrnehmungen des Interviewten auch in der Ausdrucksweise zu erhalten, wurde auf die grammatisch eigentlich korrekte Form der indirekten Rede bewusst verzichtet, da sie zu sehr der Konjunktivform ähnelt und damit möglicherweise schon interpretierend wirken kann.

In den Ergebnissen wird durchgängig die Abkürzung IP für "Interviewpartner" verwendet. Die Ordnungszahl dahinter (z.B. IP7) verweist auf die Tabelle in Abschnitt 4.2.4. Wenn der Interviewte die sog. "Titelfrage" (Unterkategorie 49 in Abschnitt 4.5.3) beantwortet hat, beginnt das jeweilige Ergebnis mit diesem Titel.[137]

4.6.1 Gemeinde A, es war eine schöne Zeit

IP1 war in Gemeinde A aktiv und als ordinierter Amtsträger tätig. Er empfand die Gemeinde als sehr familiär, Altersstruktur und Gemeindegröße waren für eine lebendige Gemeinde passend, sogar mustergültig. Für ihn war die Gemeinde A "wie eine Mutter", er hat sich in ihr wohlgefühlt, sie geliebt. Ein weiterer Vorteil war die räumliche Nähe zu seiner Wohnung. IP1 hatte in Gemeinde A Freunde, mit denen er sich auch im privaten Rahmen traf.

---

[137] In der originalen Studie wird jede Aussage in den Abschnitten 4.6.1 bis 4.6.10 durch Querverweise auf die Nummern der Paraphrasen in den Dokumenten C bis E, hauptsächlich in den Dokumenten E belegt. In dieser verkürzten Fassung werden, da die Dokumente in diese Fassung nicht übernommen wurden, auch die Querverweise nicht übernommen.

Die Gemeinde war voll funktionsfähig, es gab genügend (ehrenamtliche) Organisten, einen funktionierenden Chor. Alle für eine lebendige und aktive Gemeindearbeit notwendigen Funktionen wurden durch Gemeindemitglieder ausgefüllt.

Die Entscheidung, Gemeinde A zu schließen, wurde von Amtsträgern verkündet, denen dazu die Fähigkeit für eine verständnisvolle und liebevolle Kommunikation fehlte. Diese grobe Art war einer Kirche, die Liebe predigt, unwürdig.

Der Beschluss wurde mit finanziellen Notwendigkeiten begründet, diese wurden jedoch nicht transparent und verständlich kommuniziert. Die Gemeinde war wie vor den Kopf gestoßen. Es wurde nicht begründet und nicht verstanden, warum gerade die Gemeinde A geschlossen werden sollte. Die Entscheidung erschien willkürlich, sie wird von IP1 bis heute als nicht notwendig angesehen.

Die Gemeindemitglieder kamen mehrfach zusammen und diskutierten Reaktionsmöglichkeiten. Man wollte den Beschluss der Kirchenleitung nicht einfach akzeptieren und die schöne Gemeinde nicht einfach aufgeben. Deshalb wurden aus der Gemeinde Vorschläge zur Generierung zusätzlicher Einnahmen für die Kirche erarbeitet. Diese sollten durch Vermietung der meist ungenutzten Gemeinderäume für andere Veranstaltungen erreicht werden. Diese Vorschläge waren detailliert ausgearbeitet und wurden der Kirchenleitung vorgetragen. Obwohl die Kirchenleitung sich interessiert zeigte, wurden die Vorschläge nicht weiter verfolgt, sondern von der mittleren Führungsebene blockiert oder ignoriert. Zwischen der Kirchenleitung und der mittleren Führungsebene werden Kommunikations- und Führungsprobleme gesehen. Offensichtlich war man nicht bereit, eine einmal getroffene Entscheidung zurück zu nehmen und so Schwäche zu zeigen. Der Prozess der Schließung und die Reaktion der Kirchenleitung wurde als sehr bürokratisch und einer Kirche unangemessen empfunden.

Den Mitgliedern der Gemeinde A war es freigestellt, zu welcher Gemeinde sie zukünftig gehören wollten. IP1 hat eine Gemeinde gewählt, zu der er schon früher gehört hatte und in die er sich schnell wieder eingewöhnt hat. Er fühlt sich auch dort wohl und willkommen, er hat auch dort Freunde gefunden, mit denen er sich auch privat trifft.

In der neuen Gemeinde ist IP1 nach längerer Pause wieder als Amtsträger tätig und auch sonst aktiv engagiert. Einen Kirchenaustritt oder -übertritt hat IP1 nicht ernsthaft erwogen. Einige andere Mitglieder der Gemeinde A haben ihre Ämter niedergelegt oder sind nicht mehr zur Kirche gegangen.

Glaubensprobleme hatte IP1 durch die Schließung der Gemeinde A und den darauf folgenden Prozess nicht, allerdings haben einige an den Vorgängen maßgeblich beteiligte Amtsträger für ihn an Glaubwürdigkeit verloren, sodass er Predigtaussagen dieser Amtsträger nicht mehr ohne inneres Hinterfragen annimmt.

Eine seelsorgerische oder beratende Begleitung der von der Schließung Betroffenen wurde von der Kirche nicht angeboten.

Wichtig bleibt für IP1 die Freude, dass die Mitglieder der Gemeinde A so geschlossen reagiert haben, sich gegenseitig aufgefangen haben, dass es keine internen Streite gab und dass auch einmal die Bedürfnisse einer Gemeinde durch "Auflehnung" demonstriert wurden.

Er hofft, dass die Kirchenleitung aus den Vorgängen gelernt hat, bezweifelt aber, dass bei einigen beteiligten Amtsträgern ein Lern- und Umdenkprozess stattgefunden hat.

4.6.2 So nicht!

IP2 war wegen mehrerer Ortswechsel, die sich aus Ausbildung und Beruf ergaben, bereits Mitglied mehrerer Gemeinden in verschiedenen Gebietskirchen gewesen. Dabei hatte er sich, bis er in die Gemeinde A kam, nie "richtig auf eine Gemeinde eingelassen", erstmalig in der Gemeinde A hat er sich dann richtig engagiert und aktiv in ihr mitgearbeitet. Gemeinde A war viel kleiner als die Gemeinden, die er bis dahin kennengelernt hatte. Die Mitglieder der Gemeinde A haben ihn sehr herzlich aufgenommen, dort fühlte er sich zu Hause und wohl. Die Gemeinde A war für ihn wichtig als Ankerpunkt, obwohl sein Hauptfreundeskreis nie in der Kirche war und bis heute nicht ist. Die Gemeinde A hatte auch den Vorteil, dass er sie zu Fuß schnell erreichen konnte.

Nach einem Gottesdienst, den ein bezirksleitender Amtsträger leitete, verkündete dieser den Beschluss der Kirchenleitung, die Gemeinde A in einem Vierteljahr zu schließen. Der Vorsteher der Gemeinde werde dann Vorsteher der Gemeinde B und die Gemeindemitglieder sollten dann auch in die Gemeinde B wechseln. Die Art und Weise der Mitteilung war unsensibel. Die Gemeinde war völlig unvorbereitet. Es entstand spontan eine emotional hoch beladene Situation. Sehr viele der Anwesenden sind aufgesprungen und haben sehr erregt ihre Ablehnung des Beschlusses zum Ausdruck gebracht. Bei diesen Äußerungen kamen dann auch alte Ärgernisse hoch, die man über Jahre in sich "hineingefressen" hatte. Der überraschende Beschluss und die Art der Bekanntgabe waren der Tropfen, der das Fass zum Überlaufen brachte. Auch IP2 hielt die Art der Mitteilung für völlig ungeeignet und hat ebenfalls interveniert, dass man so nicht mit der Gemeinde umgehen könne.

Andere Betroffene haben ihren Unmut deutlich, zum Teil im Ton grenzwertig, in Schreiben an die Leitungen der Gebietskirche und der Neuapostolischen Kirche International geäußert. Viele Gemeindemitglieder haben spontan Ämter niedergelegt, ihre ehrenamtlichen Funktionen in der Gemeinde beendet und die Gottesdienste nicht mehr besucht.

Auch auf Anregung von IP2 kam dann ein Gespräch zwischen der Kirchenleitung und der Gemeinde zustande. Etwa die Hälfte der bis dahin aktiven Gemeindemitglieder, darunter auch die Hauptkritiker, der zuständige Apostel, die zuständigen bezirksleitenden Amtsträger und der Gemeindevorsteher nahmen an diesem Gespräch teil. Es stellte sich heraus, dass die Entscheidungsgründe nicht ganz durchdacht waren. Ob mehr finanzielle Gründe oder andere Gründe ausschlaggebend waren, konnte nicht geklärt werden. Der entscheidungsberechtigte Apostel hat dann im Verlauf dieses Gespräches die Entscheidung wieder zurück genommen: Gemeinde A sollte weiter bestehen bleiben. Der bezirksleitende Amtsträger hat den Vorgang sehr bedauert, er war erst seit kurzer Zeit in dieser Funktion und mit der Aufgabe überfordert und allein gelassen worden.

Allerdings war durch den vorherigen Beschluss, der in ungeeigneter Art kommuniziert worden war, die Substanz der Gemeinde unwiederbringlich zerstört worden. Die Gemeinde funktionierte nicht mehr, weil es keinen Chor, keine Organisten, zu wenig ehrenamtliche Mitarbeiter gab und ein erheblicher Teil der bis dahin aktiven Mitglieder sich von der Gemeinde abgewendet hatten. Die tragenden Säulen der Gemeinde kamen nicht mehr. Es wurde versucht, die Gemeinde mit improvisierten Lösungen am Leben zu erhalten. Der Gemeindevorsteher war mit der Situation völlig überfordert. Eine Unterstützung aus dem Bezirk gab es nicht, auch andere Gemeinden waren wenig hilfsbereit.

So kam es dann zu einem erneuten Gespräch mit dem zuständigen Apostel, der auf Grund der entstandenen Situation verfügte, dass in einem sehr kurzen Zeitraum die Gemeinde A geschlossen werden solle. Leider gab es situationsbedingt damit keinen echten Abschluss mit der ganzen ehemaligen Gemeinde.

In die ursprünglich von der Kirchenleitung vorgegebene Gemeinde B sind nur zwei Mitglieder gewechselt, die anderen habe die Gemeinde C gewählt. IP2 wechselt zwischen Gemeinde C und Gemeinde D. Er "lässt sich nicht mehr auf eine Gemeinde ein", singt auch nicht mehr regelmäßig im Chor, was allerdings auch mit der Entfernung zur Gemeinde C zu tun hat. Sein Verhältnis zu dem zuständigen Bezirksvorsteher ist gut, diesem macht er keine Vorwürfe. Ein Viertel der Gemeinde hat sich ganz von der NAK abgewendet. Es schmerzt IP2, dass die Gemeinde A so zerlaufen ist. Die Vorgänge von damals sind für IP2 gedanklich weitgehend abgeschlossen.

Eine Eingliederung der Mitglieder in die Gemeinde C hat nicht stattgefunden. Die neuen Mitglieder hatten sich in bestehende Strukturen einzuordnen. Man war zwar willkommen, blieb aber Gast.

Eine seelsorgerische Begleitung oder Beratung hat nicht stattgefunden und wurde auch nicht angeboten.

Es wird nicht mehr hingenommen, dass über den Kopf der Mitglieder hinweg entschieden wird.

Es fehlten eine längerfristige Kommunikation und ein geplanter Übergangsprozess.

Die Leistung und die Gefühle der Gemeindemitglieder, die selbst das Gebäude renoviert und instand gesetzt hatten, wurde bei der Entscheidung nicht berücksichtigt.

Eine nachvollziehbare Begründung für den ersten Schließungsbeschluss gibt es bis heute nicht. Finanzielle Gründe können es nicht gewesen sein. Der zweite Schließungsbeschluss war allerdings durch die eingetretene Funktionsunfähigkeit der Gemeinde begründet.

4.6.3 Wie könnte ich es besser machen?

IP3 hatte sich die Gemeinde A bewusst ausgesucht, als er vor Jahren zuzog. Er hat sich in dieser Gemeinde sehr wohlgefühlt und sich gern an sie gebunden gefühlt. Er hat sich in Gemeinde A auch engagiert, er war dort als Amtsträger tätig. Es gab keine Grüppchenbildung, keinen festen Kern, sondern eine große Gemeinschaft, die auch außerhalb der Gottesdienste vieles gemeinsam unternahm.

Es gab Gerüchte, dass die Gemeinde A geschlossen werden sollte. Der Gemeindevorsteher nahm deshalb Kontakt mit der Kirchenleitung auf und eine Informationsveranstaltung für die Gemeinde wurde anberaumt. Leitende Amtsträger informierten über Hintergründe, die tatsächlich eine Schließung der Gemeinde begründen sollten. Diese Versammlung eskalierte, weil die vorgetragenen Gründe unverständlich und nicht nachvollziehbar waren und auf Argumente der Gemeinde nicht oder falsch eingegangen wurde. Sie wurde abgebrochen und eine weitere Veranstaltung angekündigt.

Die Gemeinde beriet danach, wie sie die Kirchenleitung überzeugen könne, dass die geplante Schließung unbegründet war. Bei der zweiten Veranstaltung, an der auch der zuständige Apostel teilnahm, wurde deutlich, dass die Entscheidung der Kirchenleitung nicht widerrufen werden würde.

IP3 und fast alle anderen Amtsträger der Gemeinde haben daraufhin ihre Amtstätigkeit eingestellt. Sie wollten Abstand gewinnen und nicht die Menschen organisatorisch unterstützen, deren Handeln für sie nicht nachvollziehbar und nicht annehmbar war. Diese Entscheidung fiel IP3 nicht leicht, denn er fühlte sich in seinem Amt eigentlich Gott gegenüber verpflichtet.

Die Gemeinde A wurde nach einigen Monaten geschlossen, die Mitglieder verteilten sich auf mehrere andere Gemeinden.

IP3 hatte den Glauben, dass Gott auch diese menschlichen Fehler ausgleicht. Er hat jedoch eine Zeitlang bei den leitenden Amtsträgern angezweifelt, ob der Geist der Liebe deren Predigt trägt, wenn deren Handlungsweise erkennbar nicht von diesem Geist getragen wurde.

Auf der zweiten Versammlung merkte man den leitenden Amtsträgern deutlich an, dass sie die Meinungsäußerungen der Gemeindemitglieder missbilligten.

In dieser Versammlung trugen die leitenden Amtsträger Argumente für die Schließung vor, die denen aus der ersten Versammlung zum Teil widersprachen. Die Begründung blieb nicht nachvollziehbar und nicht transparent und hat dadurch Ärger und Unverständnis bei den Betroffenen ausgelöst. Die Stimmung war gereizt. Der anwesende zuständige Apostel wirkte zumindest ausgleichend und bot persönlich individuelle Gespräche an, wenn diese gewünscht würden.

IP3 wechselte zunächst in die Gemeinde B. Dort wurde auf ihn wegen seiner Amtstätigkeit kein Druck ausgeübt, was er als angenehm empfand.

Nach längerer Zeit haben die meisten Amtsträger, auch IP3, nach einem schwierigen emotionalen Prozess ihren Dienst in den jeweiligen Gemeinden wieder aufgenommen.

Die Ereignisse um die beiden Informationsveranstaltungen haben bei IP3 das Bedürfnis ausgelöst, einen gewissen Abstand zur Gemeinde, auch zur Kirche, zu haben.

Man hatte auch nicht berücksichtigt, dass gerade wieder frühere Mitglieder in die Gemeinde A zurückgekommen waren, weil eine Zweiggemeinde geschlossen worden war, in die sie vorher aus der Gemeinde A gewechselt waren.

Die Gemeinde erhielt schon vor der zweiten Informationsveranstaltung den Eindruck, dass die getroffene Entscheidung ohnehin nicht rückgängig gemacht werden würde, dass die Kirchenleitung wohl den Auftrag hatte, eine bestimmte Anzahl Gemeinden zur Senkung von Kosten zu schließen.

Letztlich haben die Gemeinden, in die die Mitglieder der Gemeinde A gewechselt sind, von den neuen Mitgliedern und deren Impulsen profitiert. Für IP3 sind die Vorgänge heute abgeschlossen und auch emotional nicht mehr belastend. Seinen Gottesglauben haben die Vorgänge nicht berührt. Allerdings hat der Bruch durch die Schließung der Gemeinde A sein Verhältnis zu einer Gemeinde nachhaltig verändert. Er bindet sich nicht mehr an eine einzige Gemeinde, ist in zwei Gemeinden etwa gleichmäßig tätig, besucht manchmal auch Gottesdienste in anderen Gemeinden und braucht diese Freiheit.

IP3 hofft, dass die Kirchenleitung aus den damals gemachten Fehlern gelernt hat: Argumente müssen für die Gemeindemitglieder transparent und nachvollziehbar sein, man muss auch die Gefühle der betroffenen Gemeindemitglieder ernst nehmen und darf sie nicht abwerten und nicht angreifen und muss Verständnis bei den Betroffenen erreichen. Man muss die betroffenen Gemeindemitglieder motivieren und nicht angreifen.

4.6.4 Gemeindezusammenführung, wie man es nicht machen sollte

IP4 war bis zu seinem Ruhestand viele Jahre aktiver Amtsträger in der Gemeinde A. Die Mitglieder dieser relativ kleinen Gemeinde zeichneten in einer Umfrage ein sehr positives Bild, man fühlte sich dort wohl. Die Gemeinde war sehr lebendig und funktionsfähig, blühend, die Jugend war aktiv am Gemeindeleben beteiligt.

In der Gemeinde gab es vor der Entscheidung zur Schließung jedoch Konflikte zwischen jüngeren Mitgliedern, darunter auch Amtsträger, die Änderungen im Gemeindeleben anstrebten und Älteren, die sich sehr konservativ Änderungen widersetzten. Diese Differenzen wurden auch bekannt, es wurde Druck auf die Progressiveren ausgeübt. Wegen der z. T. öffentlichen Kritik wurden einige Amtsträger von der Kirchenleitung suspendiert. Andere Gemeindemitglieder wurden von ihren Funktionen in der Gemeinde entbunden, dieser Beschluss wurde jedoch kurze Zeit später widerrufen.

In der Gemeinde A fand eine Gemeindeversammlung statt. Dort eskalierten die schon vorher bestehenden Differenzen. Die Mitglieder, die die Maßnahmen der Kirchenleitung missbilligten, wurden von anderen als "Rotte Korach" beschimpft.[138] IP4 empfand diese Versammlung eher wie eine Gerichtsverhandlung.

Leitende Amtsträger, die an dieser Gemeindeversammlung teilnahmen, haben geschwiegen. Sie können nach Ansicht von IP4 auch nicht öffentlich einem Apostel widersprechen, er hätte das in deren Funktion auch nicht getan.

IP4 ist sicher, dass diese Vorgeschichte ausschlaggebend für das weitere Geschehen war.

Es war wegen der Überalterung mehrerer Gemeinden in der Nähe, wegen zunehmenden Mangels an Amtsträgern und anderen ehrenamtlichen Mitarbeitern für viele Mitglieder dieser Gemeinden, auch für IP4, erkennbar, dass es früher oder später zu einer Zusammenlegung von zwei oder mehr Gemeinden kommen würde.

---

138 Diese Bezeichnung bezieht sich auf eine Begebenheit im Alten Testament (4. Mo 16:1 ff). Eine Gruppe von Israeliten um Korach (Eigenname), die sog. Rotte Korach, lehnte sich gegen die Führung des Volkes Israel durch Moses und Aaron auf. Zur Strafe tat sich die Erde unter ihnen auf und verschlang sie.

Ein kirchenleitender Amtsträger hat nach einem Gottesdienst in der Gemeinde A den Beschluss der Kirchenleitung verkündet, dass in Zukunft die Wochengottesdienste der Gemeinden A und B gemeinsam in der Kirche der Gemeinde A stattfinden sollten, die Sonntagsgottesdienste weiterhin getrennt. Nach Protesten aus der Gemeinde B wurde dieser Beschluss von der Kirchenleitung widerrufen. Stattdessen wurden wechselseitige Gottesdienste eingeführt, d.h. eine Woche mit beiden Gemeinden in der Kirche A und in der nächsten Woche in der Kirche B. Auch die Chöre wurden zusammengelegt. Diese Organisationsanweisungen ergingen ohne vorherige Gespräche mit den betroffenen Gemeinden, den Chorleitern, den Amtsträgern. Als Reaktion gaben die Chorleiter ihre ehrenamtliche Tätigkeit auf.

Mit dieser Lösung waren viele Mitglieder aus beiden Gemeinden nicht zufrieden. Man wünschte sich einen gemeinsamen Standort und sprach sich in beiden Gemeinden für den Standort der Gemeinde A aus. Einige Zeit wurden dann die gemeinsamen Gottesdienste in A durchgeführt, dann aber wieder die vorherige Regelung eingeführt und dann endgültig die Gemeinde A geschlossen.

Ein großer Teil der Mitglieder der Gemeinde A hat sich von der NAK abgewendet. Die verbliebenen Mitglieder sind meist Senioren mit einem Altersdurchschnitt von 72 Jahren.

IP4 sieht die Ursachen für diese ungewöhnlich negative Entwicklung in der mangelnden Gesprächsbereitschaft der Kirchenleitung, besonders des zuständigen Apostels. Die Kirchenleitung war nicht an der Suche nach einer einvernehmlichen Lösung interessiert und nicht an Gesprächen mit Mitgliedern, die eine abweichende Meinung hatten. Man war wohl eher froh, die Amtsträger "los zu sein", die so offen ihre Meinung gesagt hatten.

IP4 fühlt sich um die Ergebnisse seiner lebenslangen Arbeit in der NAK durch die Handlungen und das Auftreten des zuständigen Apostels betrogen. Er lehnt diesen Apostel ab und besucht auch keine Gottesdienste, die dieser leitet. Er fühlt sich durch die unbegründeten und unberechenbaren Entscheidungen der Kirchenleitung belogen. Was schief laufen konnte, ist schief gelaufen, es kam schlimmer, als befürchtet. Für die Gemeinden sieht er keine Zukunft mehr.

Dennoch will er immer neuapostolisch bleiben und erwägt nicht, auf Abstand zur NAK zu gehen.[139]

4.6.5 Die Akte A

IP5 war ein aktiver, engagierter Mitarbeiter und Amtsträger in der Gemeinde A. Die Gemeinde hat ihm viel bedeutet. Sein Einsatz hat sich für ihn auch gelohnt, denn in der Gemeinde konnte Vieles bewegt werden. Die Gemeinde war dynamisch, sie hat sich über Jahre hinweg im christlichen Sinn weiterentwickelt. Diese Weiterentwicklung wurde von der großen Mehrheit der Gemeindemitglieder getragen, der Anteil der Gemeindemitglieder, die sich aktiv in die Gemeindearbeit einbrachten, war relativ hoch. Sie war nicht mehr die typische NAK-Gemeinde alter Prägung. Es gab viele ökumenische Kontakte zu anderen christlichen Glaubensgemeinschaften. Mit den konservativen Mitgliedern in der Gemeinde, die Veränderungen eher reserviert gegenüber standen, gab es manchmal interne Verständigungsprobleme, obwohl es eine gepflegte, christliche Gesprächskultur in der Gemeinde A gab und viel miteinander geredet wurde.

Im Vorfeld zur Gemeindeschließung änderte sich das Klima in der Gemeinde erheblich. Ausgelöst wurden diese Veränderungen durch Entscheidungen der Kirchenleitung, die nicht direkt mit der Gemeindeschließung zu tun hatten. Der zuständige Apostel hat dann gedroht, die Gemeinde A werde geschlossen, wenn man die Entscheidungen der Kirchenleitung nicht akzeptiere. Diese Drohung kam bei vielen Gemeindemitgliedern nicht gut an, ein Konflikt mit den Mitgliedern, die ohne Nachfragen einfach gehorsam den Anweisungen der Kirchenleitung folgen wollte, blieb nicht aus. IP5 fühlte sich zum Narren gehalten.

---

[139] IP4 bezieht sich im Original - Wortlaut (Dennoch - Glaube) auf Psalm 73:23, in dem die Treue zu Gott trotz des Treibens der Gottlosen besungen wird.

Das Vertrauensverhältnis zum Apostel litt. Mehrere aktive Mitarbeiter der Gemeinde stellten ihre Mitarbeit ein.

Diese Vorgeschichte war IP5 wichtig für das Verständnis der nachfolgend geschilderten Ereignisse. Dass in einem Bereich mit vier Gemeinden und der erkennbaren Entwicklung der Altersstrukturen und Mitarbeiterzahlen nicht alle Gemeinden Bestand haben würden, war für viele abzusehen. Eine Gemeinde war bereits geschlossen worden, Mitglieder aus dieser Gemeinde waren in die Gemeinde A gewechselt. Es wurde beschlossen, die Gemeinden A und B zusammenzuführen. Zunächst wurden die Wochendienste zusammengelegt. Während verschiedener Gemeindeversammlungen war in beiden Gemeinden die mehrheitliche Meinung entstanden, nur einen Standort haben zu wollen; man entschied sich für Standort A. Obwohl die Kirchenleitung zugesagt hatte, diese Entscheidung zu respektieren, entschied die Kirchenleitung ohne vorherige Rücksprache, zunächst die Gottesdienste wechselseitig, d.h. eine Woche in A und eine Woche in B durchführen zu lassen. Dabei wurden, wieder ohne vorherige Absprache mit Betroffenen, die Gemeindechöre zusammengelegt. In der Folge haben wieder einige ihre Mitarbeit im Chor oder der Chorleitung eingestellt.

Wenige Wochen später wurde durch eine Indiskretion aus der Gemeinde C bekannt, dass Gemeinde C als alleiniger Gemeindestandort von der Kirchenleitung festgelegt worden sei. Diese Information wurde dann von dem Architekten bestätigt, der den Planungsauftrag hatte. Die betroffenen Gemeinden A, B und C wurden dann von IP5 informiert. Es stellte sich heraus, dass selbst leitende Amtsträger von der Kirchenleitung nicht informiert worden waren. Auch bei einem Gottesdienst, den der zuständige Apostel in der Gemeinde A kurz darauf leitete, wurde diese Entscheidung nicht angesprochen, obwohl bereits einen Tag vorher in einer Zeitung ein Artikel über das Bauvorhaben erschienen war. Erst danach gab es eine offizielle Informationsveranstaltung für die Gemeinde A, in der die bereits bekannte Planung bekannt gegeben wurde.

Infolge dieser Abläufe war das Verhältnis vieler aktiver Mitarbeiter in der Gemeinde A zu der Kirchenleitung zerrüttet, Amtsniederlegungen und Beurlaubungen sowie die Beendigung ehrenamtlich ausgeübter Funktionen waren die Folge. Auch IP5 hat im Zusammenhang mit diesen Vorgängen sein Amt niedergelegt und seine Mitarbeit eingestellt.

Letztlich wurde dann die Gemeinde A geschlossen und die Mitglieder aufgefordert, zunächst in die Gemeinde B zu gehen. Tatsächlich hat die Mehrzahl der Gemeindemitglieder dieser Aufforderung nicht Folge geleistet, nur noch Senioren gehen in die Gemeinde B. Besonders schlimm war die Schließung für Gemeindemitglieder, die erst vor kurzem aus der vorher geschlossenen Gemeinde D in die Gemeinde A gekommen waren. Weil für sie die Entfernungen zu allen verbliebenen Gemeinden so groß sind, haben sie Probleme, überhaupt eine davon zu erreichen. Viele ehemalige Mitglieder der Gemeinde A besuchen Gottesdienste in anderen christlichen Gemeinden, sie haben sich von der NAK abgewendet. Einige, darunter auch IP5, sind noch auf der Suche oder versuchen, neue christliche Begegnungen zu haben und zu organisieren.

Die Beweggründe der von der Gemeindeschließung Betroffenen schildert IP5 ausführlich. Hoffnungen auf eine weitere positive Entwicklung der Gemeinde und der Kirche wurden enttäuscht. Die Kirchenleitung und leitende Amtsträger waren gegenüber den Gemeindemitgliedern nicht offen und ehrlich. Die Gemeindemitglieder waren in Entscheidungsprozesse nicht eingebunden, empfanden das Verhalten der Kirchenleitung als autoritär und fühlten sich und ihr ehrenamtliches Engagement für die Gemeinde nicht ernst genommen. Eine seelsorgerische Begleitung wurde überhaupt nicht angeboten.

IP5 fühlt sich nach seiner Entscheidung gut und befreit, auch von der Enge der Lehraussagen der NAK.

Seine Empfehlungen für zukünftige Vorgänge sind die Gegensätze zu der Art, wie die Schließung der Gemeinde A realisiert wurde.

4.6.6 Die Scheinheiligkeit einer Kirche

IP6 war engagiertes Mitglied der Gemeinde A. Der größte Teil seiner Familie war in dieser Gemeinde, die Gemeinde hat ihm viel bedeutet. Er empfand sie als seine Glaubensheimat und er hat sich in ihr sehr wohl gefühlt. Das Besondere an dieser Gemeinde für ihn war, dass man dort "seinen Glauben frei leben" konnte, dass es nicht wie in anderen, typischen NAK-Gemeinden war. Er hat als Mitglied nicht nur konsumiert, sondern war aktiv und hat sich in einer kleinen Gruppe mit Glauben und Kirche beschäftigt.

In dieser Gruppe hatte man auch Kontakt zu anderen Kirchen, sah auch, dass einiges in der NAK nicht richtig lief. Dass man diese Ansichten auch frei äußerte, stieß bei leitenden Amtsträgern oft auf Ablehnung. In dieser Gruppe und auch aus persönlichen Gesprächen mit Amtsträgern erkannte man schon lange, dass es zu Gemeindeschließungen kommen müsste und IP6 hat sich auf diese Möglichkeit innerlich vorbereitet.

Als dann die Entscheidung zur Schließung der Gemeinde A bekannt gegeben wurde, war IP6 dennoch betroffen, diese Realität wirkte auf ihn trotz der innerlichen Vorbereitung wie ein Rückschlag. Er hat seine Meinung zu der Art, wie die Schließung kommuniziert und begründet wurde, nicht für sich behalten, hat besonders auch mit dem zuständigen Apostel gesprochen. In diesen Gesprächen fühlte er sich verstanden, war jedoch irritiert, wenn der Apostel öffentlich eine ganz andere Position bezog als im privaten Gespräch. IP6 fühlte sich auch ein bisschen betrogen und fragte sich, was das überhaupt für Leute seien, die erst im persönlichen Gespräch eine Ansicht äußern, aber dann aber der Öffentlichkeit das genaue Gegenteil sagen.

Die Art und Weise, wie die Gemeindeschließung von statten ging, war für IP6 inakzeptabel und komisch. Sie war von den Verantwortlichen vorher nicht konkret angekündigt worden.

Die Begründung für die Schließung der Gemeinde A war nicht konkret und traf besonders auf die Gemeinde A nicht zu. Die Begründung war für IP6 unverständlich, er hielt es für möglich, dass es ganz andere - vielleicht sogar persönliche - Gründe für die Entscheidung der Kirchenleitung gäbe, die diese nur nicht offen preisgeben wollte.

Die Gemeindeschließung war nicht vorbereitet. Gruppengespräche, die nach der Bekanntgabe angeboten wurden, blieben an der Oberfläche und bewirkten eher Verwirrung als Klärung. Eine seelsorgerische Begleitung wurde den Betroffenen nicht angeboten.

Als Konsequenz hatte sich IP6, als die Gemeinde A dann tatsächlich geschlossen wurde, bereits von ihr distanziert. Er hat weiterhin guten Kontakt zu den Menschen aus der ehemaligen Gemeinde A, die ihm wertvoll sind und trifft sich oft mit ihnen. Die Gemeinde selbst als Rahmen fehlt ihm nicht. Er hat sich von der NAK distanziert und ist nur noch nach dem Kirchenbuch Mitglied. Heute ist er aktiv auf der Suche nach einer anderen christlichen Gemeinschaft, trifft viele andere Christen und empfindet diese Situation als bereichernd und positiv.

IP6 hat aber registriert, wie es anderen ehemaligen Gemeindemitgliedern geht, die nicht so vorbereitet waren wie er. Bei denen sah der Verlauf ganz anders aus. Diese Mitglieder waren sehr überrascht, etwas verwirrt und wissen zurzeit auch noch nicht, was sie jetzt machen sollen.

Für zukünftige ähnliche Prozesse wünscht sich IP6 von der Kirchenleitung mehr Kommunikation und mehr Ehrlichkeit.

4.6.7 Keine Titelangabe

IP7 war engagiertes Mitglied der Gemeinde A, Mitglied des Gemeindechores und Organist.

Obwohl die Gemeinde im Wesentlichen noch funktionierte, war eine zukünftige Schließung doch absehbar. IP7 hat sich schon vor der Bekanntgabe des Beschlusses, die Gemeinde A zu schließen, auf einen Wechsel in die Gemeinde D gefreut. Die Motivation zur aktiven Mitarbeit in der Gemeinde war deshalb schon eingeschränkt.

Von der Kirchenleitung wurde eine Zeitlang versucht, die Gemeinden A und B zusammenzuführen. Diese Option funktionierte aber erkennbar nicht. Über die Möglichkeit einer Gemeindeschließung wurde im Kreis der Amtsträger gesprochen. Die Kirchenleitung beschloss, die Gemeinden A und B zu schließen und mit der Gemeinde C zusammenzuführen. Dieser Beschluss wurde nach einem besonderen Festgottesdienst in der Gemeinde A verkündet. Eine organisierte Diskussion über diesen Beschluss oder vorherige Gespräche gab es nicht.

Der Zeitpunkt der Bekanntgabe und die fehlende Begründung des Schließungsbeschlusses waren Anlass für Wut, Enttäuschung und Fragen. Man hat sich gefragt, ob die Gemeinde nicht weiterbestehen könnte. Auch die Tatsache, dass ein leitender Amtsträger eine Zeitung schon informiert hatte, bevor der Beschluss der Gemeinde bekanntgegeben wurde, hat die negativen Empfindungen befördert. Selbst der Zeitpunkt der Bekanntgabe, nämlich nach einem besonderen Festgottesdienst, war mit verantwortlich für die Wut der Gemeindemitglieder, die rationale Überlegungen zunächst unmöglich machte. IP7 empfand den Verlust eines Teils von sich selbst und hat auch später noch eigenartige Empfindungen, wenn er daran denkt, dass "seine Kirche" jetzt von einer anderen Glaubensgemeinschaft genutzt wird. Mitleid mit einem besonders hart von der Schließung betroffenen Mitglied und mit den älteren Mitgliedern, die Probleme mit der Erreichbarkeit der neuen Gemeinde haben werden, kam zu den Empfindungen hinzu. An diese Mitglieder hatte die Kirchenleitung bei ihrer Entscheidung wohl nicht gedacht.

IP7 konnte sich mit dem Gedanken, in die Gemeinde C zu wechseln, wie von der Kirchenleitung gewünscht, nicht anfreunden. Die bereits erfolgte Meinungsbildung, nach einer Schließung der Gemeinde A in die Gemeinde D zu wechseln wurde bestärkt durch ein erfolgloses und frustrierendes Gespräch mit dem bis dahin zuständigen Gemeindevorsteher, der auch die Leitung der Gemeinde C übernahm. Dieser zeigte deutlich durch sein Verhalten Unverständnis dafür, dass IP7 mit seiner Familie nicht in die Gemeinde C wechseln wollte. Diese Emotionen wurden durch Gespräche mit der engsten Familie, teilweise auch mit anderen Mitgliedern, verarbeitet.

Es entstand auch ein Konflikt mit einem Teil der Familie, der gehorsam in die Gemeinde C wechselte oder ihr bereits angehörte. Es wurden noch nach Jahren Vorwürfe laut, dass IP7 nicht gehorsam gewesen und "aus der Reihe" getanzt sei.

Eine seelsorgerische Begleitung bot die Kirche während der Übergangsphase nicht an.

IP7 ist in der Gemeinde D gut aufgenommen worden und inzwischen dort auch wieder in verschiedenen Funktionen aktiv. Er ist mit der getroffenen Entscheidung, in die Gemeinde D zu wechseln, zufrieden. Die Enttäuschungen über die Vorgänge um die Schließung der alten Gemeinde verblassen. IP7 hat gelernt, solche Ereignisse nicht mehr so sehr "an sich herankommen zu lassen".

Für zukünftige ähnliche Prozesse empfiehlt IP7, vor einer Entscheidung die Gemeindemitglieder umfassend zu informieren, Daten und Fakten transparent und vollständig offenzulegen, die Gemeinde am Entscheidungsprozess zu beteiligen und nicht einfach autoritär Entscheidungen zu verkünden. Dass eine solche Vorgehensweise nicht ohne Probleme ist, übersieht IP7 nicht.

4.6.8 Ein geplanter Misserfolg

IP8 war engagierter Mitarbeiter und Amtsträger in der Gemeinde A. Er und seine Familie hatten bereits vor dem Beginn der Überlegungen und Entscheidungen zur Schließung der Gemeinde dort Schwierigkeiten, besonders mit dem Gemeindevorsteher, mit dessen Führungsstil sie schwer zurechtkommen konnten. Es gab deshalb schon im Vorfeld immer wieder mal Überlegungen, die Gemeinde zu verlassen. Die Familie hatte immer schon häufige Kontakte in die Gemeinde B, die sie als progressiv und offen empfanden.

IP8 sah auch, dass die Gemeinde A langsam an die Grenzen der Funktionsfähigkeit stieß, dass die Zahl aktiven Mitglieder sank. Die

Amtsträger der Gemeinde A wurden in einem Meeting befragt, wie sie auf eine mögliche Zusammenlegung der Gemeinde A mit der Nachbargemeinde C reagieren würden. Man sah Probleme in der Entscheidungsfindung, welcher der beiden Standorte aufgegeben werden könnte. Es wurde dann den Amtsträgern von einem anwesenden leitenden Amtsträger der Beschluss mitgeteilt, dass die Gemeinden A und C geschlossen werden und mit der Gemeinde D zusammengeführt werden würden. Ihnen wurde Stillschweigen verordnet.

Einige Wochen später gab es in Gemeinde A eine besondere mehrtägige Veranstaltung mit einem "Tag der offenen Tür", anderen Aktivitäten und einem abschließenden Festgottesdienst am Sonntag. Nach dem Ende dieses Gottesdienstes teilte der dienstleitende Amtsträger der versammelten Festgemeinde mit, dass die Gemeinde A in sechs Wochen geschlossen werde und dass erwartet werde, dass die Gemeindemitglieder in die Gemeinde D wechseln würden. In begleitenden Ausführungen wurde versucht, die Dramatik der Situation durch Ansagen wie "eigentlich bleibt für euch alles so, wie es ist" und "etwaige Transportprobleme werden wir schon lösen".

Zeitpunkt, Art und Inhalt der Information lösten einen massiven Schock bei den Gemeindemitgliedern aus. IP8 ist auch heute der Ansicht, dass diese Art der Kommunikation und Information völlig unangemessen war, die Informationen kamen zu spät, sie waren schlecht und irreführend. Begründet wurde der Beschluss lapidar mit der Feststellung, dass Gemeinde A nicht mehr lebensfähig sei. Auch bei IP8 und seiner Familie entstand massive Wut über die Art, wie mit ihnen und den anderen Gemeindemitgliedern umgegangen wurde. Man empfand diesen Umgang mit eigenverantwortlichen Christen als "sektenmäßig", eine Entscheidung von oben wurde verkündet, Gehorsam gepredigt und eingefordert. Man hatte den Eindruck, nicht recht ernst genommen zu werden, weil die Gemeindemitglieder ohnehin keine Handlungsalternativen hätten. In die Wut mischte sich Trauer über den Verlust der Gemeinde als Teil der eigenen Identität und dann auch Resignation. Man hatte die vorhersehbaren Probleme der älteren Gemeindemitglieder mit dem Transport zur Gemeinde D nicht berücksichtigt. Man hatte sogar unterlassen, ein älteres Gemeindemitglied, das bekanntermaßen gerade in die Nähe der Gemeinde zog, damit es diese gut erreichen konnte, zu informieren, sodass Aufwand und Kosten vergebens waren.

Ein Wechsel in die Gemeinde D kam für IP8 und seine Familie nicht in Frage. Diese Gemeinde war mit ihrem Gemeindeleben und -verständnis abschreckend ("ein Horror"), sie war auch nicht offen für andere. Dort hätten sie nicht ihren christlichen Glauben so leben können, wie sie es sich vorstellten. Die Familie beschloss sofort, in die Gemeinde B zu wechseln. Sie mussten ihren eigenen Weg finden. Dort wurden sie herzlich aufgenommen, waren schnell integriert. IP8 wurde einige Zeit später als Amtsträger in seiner bisherigen Amtsstufe für die Gemeinde B berufen.

Von manchen der ehemaligen Gemeindemitglieder wurden IP8 und seine Familie mit Vorwürfen angegangen. Sie hätten die Gemeinde durch ihren Wechsel in die Gemeinde B verraten, IP8 hätte als Amtsträger "Fahnenflucht" begangen.

Bei dem Vorsteher der Gemeinde A fand IP8 kein Verständnis für seine Empfindungen und Entscheidungen. Mit ihm sprach er dann auch nicht über seine Wahrnehmungen und Empfindungen. Das Verhältnis zwischen den beiden hat sich inzwischen aber gebessert. Er führte dann intensive Gespräche mit dem bezirksleitenden Amtsträger und dem zuständigen Apostel. Diese Gesprächspartner waren zwar dankbar für die Rückmeldung, jedoch wurden bei späteren Prozessen keine Konsequenzen aus den Fehlern dieses Prozesses gezogen.

Eine seelsorgerische oder praktische Begleitung der Gemeindemitglieder wurde nicht angeboten oder fand nicht statt. Eine Integration der Gemeinde A in die Gemeinde D fand nicht statt, die neu hinzu gekommenen Mitglieder sollten sich einfach in das Gefüge der Gemeinde D einreihen.

Heute sind IP8 und seine Familie dankbar für den Wechsel, weil sie in der Gemeinde B eine wirkliche Heimat gefunden haben. Dieser

Wechsel sei das Beste, was ihnen hätte geschehen können. Der christliche Glaube und die Zugehörigkeit zur NAK bedeuten ihnen nach wie vor viel.

Bei der Erinnerung kommt immer wieder Wut über den katastrophalen Umgang mit den Mitgliedern der Gemeinde A hoch. Die massiven Versäumnisse bei Information und Kommunikation, der mangelnde Respekt vor den betroffenen Menschen, die Intransparenz der Entscheidungsprozesse und -gründe, die mangelnde Offenheit der Kirchenleitung gegenüber den Mitgliedern und das Fehlen von Seelsorge und Begleitung ärgern ihn noch heute. Er sieht in solchen Fehlern in der Methode und Fehlverhalten von leitenden Amtsträgern auch ernste Gefahren darin, dass Mitglieder nicht nur auf Abstand zur Gemeinde oder zu der NAK gehen, sondern sich auch völlig vom christlichen Glauben abwenden. Er ist allerdings auch zu der Ansicht gekommen, dass der leitende Amtsträger, der damals die Entscheidung verkündete, dafür nicht geeignet und insofern einfach fehl am Platz war. Diese Mängel abzustellen sind auch seine Empfehlungen für zukünftige ähnliche Prozesse.

4.6.9 Die Katastrophe*

**Vorbemerkung des Verfassers: IP9 begründet den Titel mit: "Die Katastrophe! Eine Katastrophe wirbelt immer unglaublich viel auf und das schaut so aus, als würde was ganz Schreckliches passieren oder passiert sein, das größte Unglück des Lebens. Und wenn dieser aufgewirbelte Staub sich langsam wieder setzt, dann entdeckt oder erkennt man, dass es eigentlich auch etwas Gutes gebracht hat".*

IP9 war aktives Mitglied in der Gemeinde A und Mitglied des Gemeindechores. Als IP9 zuzog und eine Gemeinde innerhalb der Region suchte, war er sofort von der Gemeinde angezogen und hat gar nicht weiter gesucht. Er hat sich in der Gemeinde wohl und am richtigen Platz gefühlt und die Gemeinde wie "den Himmel auf Erden" empfunden. Die Jahre, in denen er in der Gemeinde A war, waren für ihn die intensivste Glaubenszeit, weil er Gemeinschaft so noch nie erlebt hatte. Die Gemeinde war sehr lebendig, geprägt von einem besonderen Frieden, unter den Mitgliedern war der Umgang ehrlich, offen, respektvoll. Die Gemeinde war stark, alle Altersgruppen waren vertreten. Probleme, die auch in der Gemeinde auftraten, wurden sofort gemeinsam, auch mit dem Gemeindevorsteher, besprochen und gelöst. Man redete nicht übereinander, sondern miteinander. Alle Gemeindemitglieder, ob jung oder alt, arbeiteten zusammen, fühlten sich als Gemeinschaft und identifizierten sich mit ihrer Gemeinde. Es funktionierte einfach alles in der Gemeinde.

Es gab Gerüchte, dass die Kirchenleitung Vorgaben zur Kostenreduzierung erhalten habe, kurz darauf wurden in der Gebietskirche einige Gemeinden geschlossen, darunter auch eine Nachbargemeinde, deren Mitglieder schnell in die Gemeinde integriert wurden und sich einbrachten. Gerüchte kamen auf, dass auch Gemeinde A geschlossen werden könnte, obwohl sie die einzige behindertengerechte Gemeinde in der Region war.

Tatsächlich wurde einige Zeit später der Beschluss der Kirchenleitung der Gemeinde bekannt gegeben, dass die Gemeinde A geschlossen werde. Begründet wurde dieser Beschluss mit der allgemeinen Finanzsituation der Kirche und der Notwendigkeit, die Kapazitäten der vorhandenen Kirchengebäude besser auszulasten. Diese Begründung wurde von der Gemeinde A nicht akzeptiert, sie war und blieb für die Gemeindemitglieder unverständlich. Die Gemeindemitglieder waren geschockt, traurig, verzweifelt, die heftigen Emotionen gingen hin bis zu Aggressionen, vielleicht sogar kurzzeitig Hass. Manche empfanden die Schließung der Gemeinde als Zerstörung eines Lebenswerkes. Amtsträger haben sich sofort von ihrem Amtsauftrag beurlauben lassen.

IP9 hatte sich innerlich schon einige Zeit vorher auf die Möglichkeit der Schließung der Gemeinde A vorbereitet, dennoch war auch für ihn das Bild, dass die Gemeinde A nicht mehr existieren könnte, nicht vorstellbar. Er empfand bei der Verzweiflung und der Trauer der Anderen die persönliche Aufgabe, in dieser Situation zu helfen, zu trösten, aufzubauen. Er hatte das Gottvertrauen, dass auch solche Negativerlebnisse einen Sinn haben, in das Leben eines Christen hinein gehören und dass sich die Situation auch wieder bessern wird.

Die Mitglieder der Gemeinde A versuchten gemeinsam, nach vielen internen Diskussionen mit Protesten auch bei der letztinstanzlichen Kirchenleitung, die Schließung noch zu verhindern, brachten dabei aber auch zum Ausdruck, dass sie sich einer endgültigen Entscheidung beugen würden. Der Protest blieb erfolglos, aber in der Region nicht unbemerkt. Die Gemeindemitglieder wechselten dann in verschiedene andere Gemeinden, versuchten aber noch lange Zeit, die ehemalige Gemeinschaft durch regelmäßige Treffen aufrecht zu erhalten. Nachdem man gemeinsam den Schock erlebt hatte, versuchte man, sich gegenseitig wieder aufzurichten.

Auch IP9 wechselte nach längerem Suchen in eine andere Gemeinde. Diese Gemeinde ist viel größer, nicht so homogen und harmonisch wie die geschlossene Gemeinde A. Für ihn war die Übergangsphase nicht sehr problematisch, weil er von der selbstgestellten Aufgabe, anderen Betroffenen bei der Bewältigung der konfliktreichen Übergangsphase zu helfen, ausgefüllt war.

IP9 kritisiert nach wie vor, dass die Begründung der Schließung nicht nachvollziehbar war. Die schlechte Kommunikation war Anlass für viele vermeidbare Emotionen und Irritationen, besonders der Umstand, dass die Schließung schon lange Zeit vor der Information der betroffenen Gemeinde als sich verdichtendes Gerücht bekannt wurde. Die leitenden Amtsträger, die den Beschluss der Kirchenleitung verkündet und begründet haben, waren auf diese Aufgabe nicht vorbereitet und dazu weder geeignet noch geschult. Dennoch werden sie nicht als "Sündenböcke" empfunden. Dass Gespräche in der Gemeinde über die durch den Schließungsbeschluss entstandene Situation stattgefunden haben, ist bei IP9 in guter Erinnerung geblieben.

IP9 stellt fest, dass die umliegenden Gemeinden durch die Mitglieder der ehemaligen Gemeinde A neuen Schwung, neue Ideen und positive Zukunftsaussichten bekommen haben und bewertet das als ein gottgewolltes Ziel.

Bei IP9 ist ein Gemisch aus Wehmut über den Verlust dieser besonderen Gemeinschaft, Dankbarkeit, so eine besonders eindrucksvolle und lehrreiche Zeit erlebt zu haben, und die gläubige Gewissheit, dass auch diese Erfahrungen gottgewollt waren, zurück geblieben.

4.6.10 Der Mensch denkt und Gott lenkt

IP10 war aktives Mitglied in der Gemeinde A, Mitglied des Gemeindechores und Organist. Die Gemeinde A war voll funktionsfähig, hatte einen hervorragenden Kirchenchor und war gut ausgelastet. Die Gemeinde zeichnete sich durch eine besonders enge Gemeinschaft aus, man traf sich auch sehr regelmäßig nach den Gottesdiensten außerhalb der Kirchenräume zu Smalltalk und ernsten Gesprächen über Glaubensinhalte. Innerhalb der Gemeinde gab es weder Konflikte noch Cliquenwirtschaft. Gemeinde A hat sich finanziell selbst getragen und sogar finanzielle Überschüsse gehabt.

Gerüchte, dass die Gemeinde A geschlossen werden sollte, wurden auf Nachfrage hin bestätigt. Später wurde der Beschluss der Gemeinde offiziell mitgeteilt. Der Beschluss wurde nicht nachvollziehbar begründet. Finanzielle Gründe wurden angeführt, die jedoch für Gemeinde A nicht zutrafen.

IP10 empfand Wut und Traurigkeit nach der Verkündung des Schließungsbeschlusses, hatte auch Sorge um das Wohlergehen des eigenen Kindes, welches in der Gemeinde Freunde hatte, Sonntagsschul- und Konfirmandenlehrer gut kannte und schätzte und jetzt aus diese gewohnten sozialen Umgebung herausgerissen werden würde. Das Kind hatte ähnliche Empfindungen.

Die Gemeinde traf sich zu mehreren gemeinsamen Gesprächen, an denen auch zuständige leitende Amtsträger teilnahmen. Dabei wurde über die fehlenden Gründe gesprochen, die Entscheidung zur Schließung blieb unverständlich. Gemeinsam versuchte man durch Eingaben bis an die höchsten Stellen der Kirchenleitung, den Beschluss noch umzukehren, das blieb jedoch erfolglos.

IP10 wechselte dann nach Prüfung mehrerer Gemeinden letztlich in die Gemeinde B. Gründe dafür waren die Möglichkeit, bestehende Freundschaften dort weiter zu pflegen, den geschätzten bisherigen Gemeindevorsteher weiterhin in der Gemeinde zu haben, aber auch die Atmosphäre, die IP10 in einer anderen Gemeinden als eiskalt empfand. Die Anfahrt zur neuen Gemeinde ist allerdings deutlich länger als vorher. IP10 ist aus verschiedenen Gründen nicht mehr als Organist tätig.

Ältere Mitglieder der Gemeinde A können jetzt zum Teil nicht mehr oder nur selten die Gottesdienste in anderen Gemeinden besuchen, weil die Erreichbarkeit mit öffentlichen Verkehrsmitteln dorthin zu schlecht ist. Ein Amtsträger ist ganz weggezogen, weil ihn nach der Schließung der Gemeinde A nichts mehr am Ort hielt.

Der zuständige Apostel bot persönliche Gespräche an, wenn Bedarf bestehe.

Bis heute sind die Gründe für die Gemeindeschließung nicht nachvollziehbar, der Beschluss erscheint irrational. Dass die Gemeinde A entgegen einer Aussage des zuständigen Apostels geschlossen wurde, der Apostel sich gegen die Verwaltung nicht durchsetzen konnte, führt bei IP10 zu ständigen Irritationen, wenn leitende Amtsträger in der Gemeinde B die Notwendigkeit des Gehorsams gegenüber dem Apostel predigen, den sie selbst nicht geleistet hatten.

Mitglieder zum Besuch der Gottesdienste aufzufordern und ihnen dann die Möglichkeit zu nehmen, Gemeinden zu erreichen, bleibt widersprüchlich. Die Entscheidung zur Schließung der Gemeinde A ohne vorherige Beteilung der Gemeinde war unfair, unbegründet.

Für sich persönlich sieht IP10 die Vorgänge letztendlich als eher positiv, es ist nicht mehr viel Wehmut da. Die ehemaligen Mitglieder der Gemeinde A haben auch Gemeinde B durch neue Impulse zum Positiven verändert, IP10 fühlt sich in Gemeinde B wohl. Auch die Gemeinschaftspflege in der Gemeinde B wurde durch die Zuzüge intensiviert. Es gibt weiterhin auch Treffen der Mitglieder der ehemaligen Gemeinde A.

Für zukünftige ähnliche Prozesse empfiehlt IP10 der Kirchenleitung Transparenz, Ehrlichkeit, Beteiligung der Gemeinden, schnelle Information zur Vermeidung von Gerüchten und konkrete Begründungen "klipp und klar". So kann vermieden werden, dass wegen schlechter Information und unzureichender Kommunikation Gemeindemitglieder auch mal unbeherrscht reagieren.

5 Empirische Untersuchung - Diskussion

Die Ergebnisse der Analyse des in den durchgeführten Interviews gewonnenen Datenmaterials sind in Abschnitt 4.6 bewertungsfrei dargestellt worden. Diese Episoden schildern in strukturierter Form den gesamten für diese Arbeit relevanten Ablauf der Ereignisse um die Schließung der früheren Gemeinde aus der Sicht des jeweils betroffenen Gemeindemitglieds. Sie sind die Antworten auf die Forschungsfrage, nämlich die Prozessbeschreibungen, nach denen gesucht wurde (vgl. Abschnitte 3.2, 3.4 und 3.5).

5.1 Diskussion der einzelnen Konfliktabläufe

Ohne weitere Verweise wird in den Einzelbetrachtungen auf die Darstellung der Analysen in Abschnitt 4.6 und dort auf die jeweiligen Einzelergebnisse Bezug genommen. Die Klassifizierung der hier diskutierten Konflikte ist in Abschnitt 3.1 beschrieben.

Zunächst wird in den Einzelbetrachtungen diskutiert, ob und wie die Interviewten durch die Vorgänge um die Schließung ihrer jeweiligen Gemeinde Veränderungen in ihrer Wahrnehmung, ihrer Positionierung zu christlichem Glauben, zur NAK, zu den die NAK repräsentierenden Menschen und zur Institution einer Kirchengemeinde erlebt haben. Im Kern wird der Ausgangszustand (Kategorie 1 der theoriegeleiteten Kategorisierung in Abschnitt 4.5.3) und der Zustand zur Zeit des Interviews (Kategorie 5) gegenübergestellt und die Konflikte, die zwischen diesen beiden Zeitpunkten erkennbar auftraten, identifiziert.

Danach werden in den Einzelbetrachtungen die Ergebnisse aus völlig anderer Perspektive diskutiert: Welche in den Grundlagen, besonders in den Abschnitten 2.3 und 2.4, erkannten Faktoren sind tiefere Ursachen für die Konfliktentstehungen und Verläufe? Passen die theoretischen Grundlagen dieser Arbeit und die realen Ereignisse der Betroffenen zueinander?

IP1: Der Beschluss zur Schließung der Gemeinde war Auslöser eines interpersonalen Konfliktes zwischen IP1 und dem / den Entscheider(n). Konfliktgegenstand war vordergründig der Beschluss selbst. IP1 war überzeugt, die bessere Lösung für die Gemeinde sei die Rücknahme des Beschlusses. Ein weiterer Konfliktgegenstand wurde die Art der Kommunikation und Information, die IP1 als einer Kirche unwürdig empfand und noch empfindet. Dieser Konflikt konnte zwischen den Konfliktparteien nicht gelöst werden, da die Kirchenleitung den einmal getroffenen Beschluss nicht zurückgenommen hat. IP1 hat sich letztlich mit der neuen Situation abgefunden, sein Verhältnis zum christlichen Glauben, zur NAK und zur Gemeinde ist im Wesentlichen durch diesen Konflikt nicht verändert. Allerdings ist aus diesem für IP1 beendeten Konflikt möglicherweise ein dauernder intrapersonaler Konflikt entstanden. Die Glaubwürdigkeit einiger an den Vorgängen beteiligter Amtsträger ist für IP1 so beschädigt, dass er Lehraussagen dieser Amtsträger, auch in deren Predigten, nicht mehr ungeprüft annimmt. Dieses Verhalten könnte für einen Christen als "normal" empfunden werden, es war jedoch Lehre der NAK und ist es in weiten Bereichen immer noch, dass die Predigt "Wort Gottes" sei und dass man auch von Menschen, die natürlich fehlerbehaftet seien, "Wahrheiten aus dem Geiste Gottes" höre, die nicht rational geprüft werden sollten, dürften oder müssten. IP1 hat das wohl früher befolgt, hat jedoch nach den Konflikten um die Gemeindeschließung diese Haltung verändert. Dieser mögliche Konflikt ist jedoch für IP1 nicht belastend. Ob er für ihn sogar förderlich ist, bleibe hier dahin gestellt.

Wenn eine akute oder drohende Funktionsunfähigkeit einer Kirchengemeinde nicht mehr zu übersehen ist, mag es genügen, dass die Kirchenleitung in einer Gemeindeversammlung diesen Zustand darstellt, um dann gemeinsam mit den Gemeindemitgliedern die Schließung der Gemeinde zu besprechen (dazu exemplarisch der Verlauf in Abschnitt 4.6.2). Die Gemeinde A jedoch war intakt und funktionsfähig. Damit gab es für IP1 keinen offensichtlichen Grund, gerade diese Gemeinde zu schließen. Die Gemeinde wurde, als sie mit Vorschlägen zur

Einnahmenerhöhung kam, angehört, aber nicht ernst genommen. Die hierarchische Macht der Kirchenleitung (vgl. Abschnitt 2.3.3 "Hierarchie oder Mitbestimmung") wurde benutzt, um eine Zentralisierungsmaßnahme zu realisieren, ohne die Betroffenen zu hören. "*Es liegt im Interesse des Einzelnen, Ziele und Absichten, Hintergründe und Zusammenhänge zu verstehen*".[140] Diese Anforderung der NAK an die Führungsverantwortlichen der NAK wurde von den leitenden Amtsträgern in diesem Fall völlig ignoriert. Angedeutet wird ein Kompetenzgerangel zwischen "Hauptamtlichen und Ehrenamtlichen" (vgl. Abschnitt 2.3.5). Entscheidend für die dramatischen Vorgänge, die IP1 und andere Mitglieder der Gemeinde A erlebten, war jedoch das an der hierarchischen Macht orientierte Denken und Handeln der Kirchenleitung und eine Kommunikation, die den von der NAK selbst gesetzten Maßstäben nicht genügt hat.

IP2: Der ursprüngliche Beschluss zur Schließung der Gemeinde war Auslöser eines interpersonalen Konfliktes zwischen IP2 und dem / den Entscheider(n). Konfliktgegenstand war vordergründig der Beschluss selbst. IP2 war überzeugt, die bessere Lösung für die Gemeinde sei die Rücknahme des Beschlusses. Dieser Konfliktgegenstand wurde nach Protesten aus der Gemeinde durch eine Rücknahme des Beschlusses durch die Kirchenleitung beseitigt. Allerdings erhielt dieser interpersonale Konflikt durch die unsensible Art der Information und die mangelnde Kommunikation einen weiteren Konfliktgegenstand: Die Vorstellungen der Kirchenleitung bzw. der leitenden Amtsträgern auf der einen und der Gemeinde, dabei auch IP2, auf der anderen Seite, wie die Kirchenleitung mit der Gemeinde und den einzelnen Mitgliedern umzugehen habe, waren unvereinbar. Der Konflikt mit diesem Gegenstand eskalierte schnell und so stark, dass die Gemeinde praktisch trotz der Rücknahme des Beschlusses ihre Funktionsfähigkeit verlor.

Dass die Gemeinde dann einige Monate später doch geschlossen wurde, war für IP2 folgerichtig und unvermeidbar. IP2 hat sich nicht von der NAK abgewendet, jedoch ist sein Verhältnis zur Gemeinde

---

140 NAKI Leitbild, 2001, S. 14

durch das Erleben stark verändert. Er hatte sich erstmalig bewusst in eine Gemeinde eingebracht, sie als wertvollen Ankerpunkt empfunden und war für diese Gemeinschaft dankbar. Das Risiko, erneut einen so stark empfundenen Verlust erleben zu müssen, geht er nicht mehr ein. Er hat ein distanziertes Empfinden zu den Gemeinden, in denen er jetzt Gottesdienste besucht. Der erlebte Verlust und der Zerfall der Gemeinschaft schmerzen noch, jedoch sind die damaligen Vorgänge für IP2 gedanklich allmählich in den Hintergrund getreten.

Das Erleben von IP2 lässt in der ersten Phase an der fehlenden Sachkompetenz der Kirchenleitung bzw. der entscheidenden leitenden Amtsträger wenig Zweifel offen. Der Apostel nahm die Entscheidung, die Gemeinde zu schließen, mit der Begründung zurück, dass die Entscheidungsgründe nicht ganz durchdacht waren und nicht mehr geklärt werden könne, ob finanzielle oder andere Gründe ausschlaggebend waren (vgl. Abschnitt 4.6.2). Damit wird ein grundsätzlicher Mangel in der Struktur der NAK überdeutlich: Für kein leitendes Amt bedarf es einer irgendwie gearteten fachlichen Qualifikation. Für die in dieser Arbeit untersuchten Prozesse war dieses Problem erwartet worden (vgl. dazu in den Abschnitten 2.2.3 und 2.4.5; auch in Abschnitten 2.4.3 und 2.6).

Sehr deutlich schildert IP2 in der Erstreaktion der Gemeinde, dass unter der Oberfläche viele unbearbeitete Ärgernisse, Konfliktansätze und Aggressionen schlummerten, die durch den unerwarteten Beschluss zur Gemeindeschließung eruptiv hervorbrachen. Das war in den Abschnitten 2.3.1 und besonders 2.3.2 als systemimmanentes Konfliktpotential erwartet worden. Das Erleben von IP2 in der letzten Phase der Gemeindeschließung : Wenn für eine Gemeinde deutlich erkennbar ist, dass die Gemeinde nicht mehr funktioniert (weil zu wenig ehrenamtliche Mitarbeiter in der Gemeinde verfügbar sind oder die Anzahl der aktiven Gemeindemitglieder so stark gesunken ist, dass von Gemeinde nicht mehr gesprochen werden kann), dann verstehen die verbliebenen Gemeindemitglieder von selbst, dass die Fortführung der Gemeinde nicht mehr sinnvoll ist.

IP3: Der Beschluss der Kirchenleitung, die von IP3 bewusst gewählte Gemeinde zu schließen, löste einen interpersonalen Konflikt zwischen IP3 und dem / den Entscheider(n) aus. Konfliktgegenstand war zunächst der Beschluss selbst. IP3 war und ist der Ansicht, dass dieser Beschluss unbegründet war, die Gemeinde A hätte bestehen bleiben müssen. Letztlich hat sich IP3 mit der Situation abfinden müssen.

Es entstand gleichzeitig eine Kombination eines intrapersonalen mit einem interpersonalem Konflikt: IP3 fühlte sich in seinem Amtsauftrag Gott gegenüber verpflichtet, sah sich aber zu diesem Dienst nicht mehr in der Lage, weil er damit faktisch die Amtsträger unterstützen würde, deren Handeln er zutiefst ablehnte.[141] Er entschied sich zeitweise für die Beendigung seiner Amtstätigkeit, hat diesen Konflikt jedoch dann damit gelöst, dass er nach einem langen inneren Kampf seine Amtstätigkeit wieder aufgenommen hat, wenn auch in veränderter Weise.

Eine ähnliche Kombination von intrapersonalem und interpersonalem Konflikt entstand, dessen Gegenstand die Art und Weise der Kommunikation des Beschlusses und dessen Begründung durch die leitenden Amtsträger war. IP3 hielt diese Vorgehensweise für unangemessen. Das hatte zur Folge, dass er einige Zeit Probleme hatte, anderen Aussagen der leitenden Amtsträger zu glauben, weil diese sich im Zusammenhang mit der Kirchenschließung in Widersprüche verwickelt und damit an Glaubwürdigkeit verloren hatten. Dieser Konflikt ist nicht gelöst, hat aber an Bedeutung für IP3 verloren.

Der Gottesglaube von IP3 blieb unverändert, jedoch hat sich das Verhältnis von IP3 zur Gemeinde verändert. Er lehnt es heute ab, sich an eine einzige Gemeinde zu binden, arbeitet jetzt in Amt und Funktion in zwei Gemeinden und nimmt sich den Freiraum, auch andere Gemeinden aufzusuchen.

---

141 Bei jeder Ordination eines Amtsträgers in der NAK gelobt dieser, Gott in seinem Amtsauftrag zu dienen.

Auch im Erleben von IP3 wird der Mangel an geeigneter Kommunikation als Konflikt auslösendes bzw. verstärkendes Merkmal deutlich: "*Eine echte Einheit kann nur erreicht werden, wenn [...] die richtigen Informationen zur richtigen Zeit am richtigen Ort ankommen*".[142] Dieses Ziel der Leitung der NAK wurde verfehlt.

Eine ganz grundsätzliche Problematik des Ehrenamtes in der NAK wird durch IP3 sehr plastisch dargestellt: Wem gegenüber muss sich der ehrenamtliche Mitarbeiter bzw. der ehrenamtliche Geistliche in der NAK verantworten? Eine gängige Bezeichnung für alle in ein geistliches Amt ordinierten Mitglieder in der NAK ist der Begriff "Gottesknecht": "*Jeder Amtsträger ist ein Diener Gottes ...*",[143] auch " *Als Vorbild für die <u>Gottesknechte</u> [Hervorhebung v. Verf.] und Gotteskinder verkörpert er [der Bischof] ...*".[144] In der Präambel zum "Leitbild Dienen und Führen in der Neuapostolischen Kirche" wird ausgeführt: "*Das Dienen und Führen muss bestimmt sein von Gehorsam gegenüber dem Göttlichen, [...] und gottesfürchtigem Handeln*".[145] Dienstherr des ehrenamtlichen Amtsträgers der NAK ist also Gott, nicht der vorgesetzte Amtsträger. Gott gegenüber muss der Amtsträger sein Handeln verantworten können. Im Erkennen dieser Verantwortung handelt IP3 im intrapersonalen Konflikt, als er sich für eine Niederlegung seines Amtes entscheidet. Diese Freiheit des ehrenamtlichen Geistlichen in der NAK (vgl. auch Abschnitt 2.3.3) ist, wie IP3 schildert, durchaus Konflikt fördernd. Dass IP3 sich jetzt nicht mehr an eine Gemeinde binden will - auch nicht in seiner Tätigkeit als Amtsträger - ist Resultat dieser Freiheit.

<u>IP4</u>: Der Beschluss der Kirchenleitung, die Gemeinde, in der IP4 lange Jahre als Amtsträger tätig gewesen war, zu schließen, traf auf eine bereits brisante und mit anderen Konflikten beladene Situation. Ausgelöst durch Streitigkeiten zwischen Gemeindemitgliedern und Kirchenleitung über die personelle Besetzung von Gemeindefunktionen gab es

---

[142] NAKI Leitbild, 2001, S. 15

[143] NAKI Richtlinien, 1963, S. 15

[144] NAKI Fragen und Antworten, 1992, S. 182

[145] NAKI Leitbild, 2001, S. 3

schon interpersonale Konflikte mit diesem Konfliktgegenstand zwischen IP4 und anderen Gemeindemitgliedern auf der einen und leitenden Amtsträgern auf der anderen Seite. Die Schließung der Gemeinde reicherte diese Konflikte (bei gleichen Konfliktparteien) um einen weiteren Gegenstand an. Die Schließung war aus Sicht von IP4 falsch und stand im Widerspruch zu früheren Äußerungen der Kirchenleitung. Ein weiterer Konfliktgegenstand war die unverständliche Art der Kirchenleitung, mit der die Schließung vorbereitet und realisiert wurde. IP4 hatte keine Alternative, als sich in diesem Konflikt mit dem Beschluss der Kirchenleitung abzufinden.

Ein anderer interpersonaler Konflikt entstand, als die Gemeindemitglieder, die weiterhin unbedingten Gehorsam als selbstverständlich erachteten, diejenigen, die die Entscheidungen kritisierten, darunter IP4, mit harten Worten als Aufrührer (genauer Wortlaut vgl. Abschnitt 4.6.4) bezeichneten. Dieser Konflikt blieb bis heute offen, die Konfliktparteien gehen sich aus dem Weg.

Alle Emotionen aus den beschriebenen Konflikten blieben jedoch erhalten und führten zu einem ganz anderen, einem intrapersonalen Konflikt. IP4 ist ein Mitglied "alter Schule" der NAK. Gehorsam gegenüber vorgesetzten Amtsträgern war für ihn selbstverständlich, öffentlicher Widerspruch tabu. Jetzt lehnt er es sogar ab, Gottesdienste zu besuchen, die der zuständige Apostel leitet, obwohl in seinem Denken weiterhin der Apostel das heilsvermittelnde Amt in der Kirche trägt. Er distanziert sich von leitenden Amtsträgern, weil sie seiner Ansicht nach keine Hirten im Sinne des Evangeliums sind.[146] IP4 fühlt sich belogen und um sein Lebenswerk betrogen. Er wirft leitenden Amtsträgern auch indirekt vor, der Kirchenleitung nicht widersprochen zu haben, obwohl er im gleichen Atemzug sagt, dass er in deren Funktion genauso gehan-

[146] Im Originalwortlaut bezeichnet IP4 diese Amtsträger bis hinauf zum zuständigen Apostel als "Mietlinge", das sind in Anlehnung an Johannes 10:12-13 (LÜ84) Lohnarbeiter, die Schafherden weiden sollen, sich aber nicht um die Schafe kümmern und bei Gefahr sofort fliehen und die Herde sich selbst überlassen. Das ist im Sprachgebrauch der NAK eine sehr herbe Deklassierung.

delt hätte. IP4 hat sich auch nicht der Festlegung der Kirchenleitung gebeugt, in eine bestimmte Gemeinde zu wechseln. Dieser innere Konflikt zerreißt ihn noch heute, denn er handelt und fühlt anders, als er selbst gepredigt und als selbstverständlich empfunden hatte. Dennoch ist ein Verlassen der NAK für ihn keine Handlungsalternative.

In dem persönlichen Erleben von IP4 und in seiner inneren Zerrissenheit ist die Entwicklung der Bedeutung der Gemeinde für das einzelne Gemeindemitglied von den streng autoritären Verhaltensmustern zum respektvollen und wertschätzenden Umgang miteinander (vgl. Abschnitt 2.2.6) im Zeitraffer erkennbar. Reste der Zeiten, als jeglicher Widerspruch gegenüber vorgesetzten Amtsträgern verpönt war bis hin zu heutigen Denkmustern, wo auch von kirchenleitenden Amtsträgern ein widerspruchsfreies Verhalten erwartet wird, finden sich in den Schilderungen von IP4. Zentrales Problem in diesem zermürbenden Prozess ist für IP4 der Verlust der Glaubwürdigkeit des Apostels. Das "Leitbild Dienen und Führen in der neuapostolischen Kirche" unterscheidet für alle Amtsträger und Führungsverantwortlichen zwischen innerer und äußerer Autorität. Innere Autorität "*zeichnet sich im Wesentlichen aus durch […] Überzeugungskraft, durch glaubwürdiges Auftreten […] geistliche, menschliche und fachliche Kompetenz [und] Wahrhaftigkeit und Verlässlichkeit der Person*".[147] Der Apostel, der heute so und morgen anders redet, hat für IP4 jegliche innere Autorität verloren und handelt nur noch auf der Basis der ihm durch sein Amt verliehen äußeren Autorität - eine Beobachtung, die alte Vorstellungen vom gottgesandten Apostel in IP4 dauerhaft gründlich zerstörte.

<u>IP5</u>: Der Beschluss der Kirchenleitung, die Gemeinde zu schließen, kam in einer Zeit, als ein bereits stark emotionalisierter Konflikt zwischen dem zuständigen Apostel und Gemeindemitgliedern, darunter auch IP5, ausgetragen wurde. Gegen Entscheidungen des Apostels, die in keinem Zusammenhang mit einer Gemeindefusion standen, hatten Gemeindemitglieder, darunter auch IP5, protestiert. Daraufhin

---

[147] NAKI Leitbild, 2001, S. 9

drohte der Apostel mit der Schließung der Gemeinde, wenn der Widerstand nicht aufhöre. Die Positionen in diesem interpersonellen Konflikt waren verhärtet. IP5 hielt und hält den Beschluss, die Gemeinde zu schließen, für geradezu widersinnig. Zu den jetzt um den Schließungsbeschluss erweiterten Konfliktgegenständen kam hinzu, dass die Kirchenleitung die Gemeinden bewusst über ihre wahren Absichten täuschte und leitende Amtsträger entweder nicht informierte oder zum Stillschweigen bewegte. Die Enttäuschungen über das Verhalten der führenden Amtsträger, die mangelnde Aussicht auf weitere Entwicklung der verbliebenen Gemeinde(n) in der Region bewegten IP5 zunächst, sämtliche ehrenamtliche Mitarbeit einzustellen und sein Amt niederzulegen. IP5 hatte bereits vorher einen Glaubenskonflikt, er stand hinter einigen Lehraussagen der NAK nicht. Dieser innere Konflikt stand jedoch im Hintergrund, solange IP5 auf eine geistliche Weiterentwicklung in der Kirche und der Gemeinde hoffte und an dieser arbeiten konnte. Die Enttäuschung aus dem Fehlverhalten der leitenden Amtsträger in Verbindung mit dem latenten Glaubenskonflikt veranlassten IP5, sich ganz von der NAK abzuwenden. Er ist auf der Suche nach anderen christlichen Gemeinschaften, in denen er sich engagieren könnte. Er fühlt sich befreit, auch von der Enge einiger Lehraussagen der NAK. Für ihn sind die Konflikte abgeschlossen und Vergangenheit.

IP5 verkörpert in seinem Verhalten die jüngere Generation der Mitglieder der NAK. Er übernimmt Verhaltens- und Denkmuster nicht ungefragt, er hat einen "Glauben, der zu verstehen sucht", er fühlt sich für sein Entscheidungen selbst und nur Gott gegenüber verantwortlich. Die Gemeinde war für ihn nicht der Mittelpunkt sozialer Kontakte (vgl. Abschnitt 2.2.6), ökumenische Gemeinschaft hat er schon vor den Konflikten um die Gemeindeschließung gesucht. Bewusste fehlende Offenheit und Ehrlichkeit leitender Amtsträger[148] akzeptierte er für sich nicht und zog zeitnah seine persönlichen Konsequenzen. Aus diesem Grundmuster des Denkens und Glaubens hat er einen für sich befriedi-

---

148 Anforderungen aus NAKI Leitbild, 2001, S. 6

genden Weg aus der Krise gefunden. Das prozessimmanente Risiko der NAK für Finanzierung und Mitgliedschaft (vgl. Abschnitt 2.4.2) hat sich in diesem Fall realisiert.

IP6 war auf eine mögliche Gemeindeschließung innerlich vorbereitet. So waren nicht der Beschluss selbst, sondern die fehlende bzw. nicht zutreffende Begründung und die Kommunikation des Beschlusses und der Entscheidungen über den Realisierungsprozess für ihn Anlass, mit dem zuständigen Apostel zu sprechen. Die Ansicht von IP6, wie in einer Kirche solche Vorgänge gestaltet werden müssten und wie eine Kirchenleitung mit den Mitgliedern umzugehen habe, stand im Kontrast zu der erlebten Wirklichkeit. Im privaten Gespräch fühlte er sich von dem zuständigen Apostel verstanden und war dann irritiert, als der Apostel in der Öffentlichkeit gegenteilige Ansichten äußerte. IP6 geriet in einen inneren Zwiespalt, einen intrapersonalen Konflikt, in dem das vormalige Vertrauen auf die Wahrhaftigkeit der Aussagen und die Glaubwürdigkeit eines Apostels im Kontrast zur eigenen Wahrnehmung dessen erlebten Verhaltens stand.

In der Folge hatte sich IP6 bereits von der Gemeinde distanziert, als diese tatsächlich geschlossen wurde. Er hat noch guten Kontakt zu den Menschen aus der ehemaligen Gemeinde, die ihm lieb waren, vermisst die Gemeinde selbst aber nicht. Er hat sich auch von der NAK insgesamt distanziert und steht nur noch dort im Kirchenbuch. Er ist aktiv auf der Suche nach anderer christlicher Gemeinschaft, trifft viele Christen anderer Konfessionen und empfindet seine jetzige Position als bereichernd und positiv. Alte Konflikte aus der NAK haben für ihn keine Bedeutung mehr.

IP6 gehört nicht zu der Generation, in der die Gemeinde zentraler Punkt sozialer Kontakte und emotionale Heimat war. Die Enttäuschung über das widerspruchsvolle Verhalten der leitenden Amtsträger, die in privaten Gesprächen eine andere Meinung äußern als in öffentlichen Diskussionen, war für IP6 der wesentliche Grund, sich von der NAK abzuwenden. Die Gemeindeschließung an sich wäre für IP6 kein Anlass gewesen, die NAK zu verlassen. Auch hier hat das Verhalten Führungsverantwortlicher, welches im Gegensatz zu den Regeln der Kirchenleitung stand, dazu geführt, dass sich IP6 ohne erkennbar schwerere innere Konflikte auf die Suche nach alternativen Gemeinschaften, in denen er seinen christlichen Glauben leben kann, machte. Das Risiko für Finanzierung und Mitgliedschaft (vgl. Abschnitt 2.4.2) hat sich auch hier für die NAK realisiert. Auch ein potentieller zukünftiger ehrenamtlicher Mitarbeiter ist verloren gegangen.

IP7: Eine Schließung der Gemeinde war für IP7 schon längere Zeit vorher absehbar. Er hatte deshalb bereits Kontakte zu einer anderen Gemeinde geknüpft. Als der Beschluss dann der Gemeinde bekanntgegeben wurde, entstand für IP7 durch den Beschluss selbst kein Konflikt.

Zeitpunkt und Tenor des Beschlusses, die fehlende Begründung, die Anweisung, in welche Gemeinde die Mitglieder zu wechseln hätten und weitere Begleitumstände lösten bei IP7 heftige Emotionen aus. Es entstand ein interpersoneller Konflikt mit dem leitenden Amtsträger bzw. der Kirchenleitung, denn die Vorgabe der Gemeindewahl beeinträchtigte IP7 in seinem eigenen Wollen. In einem Gespräch mit dem zuständigen Gemeindevorsteher stieß IP7 mit diesem Konflikt bzw. mit der Erklärung seines eigenen Wollens auf Unverständnis. IP7 entschied sich, gegen die Vorgabe der Kirchenleitung in die Gemeinde seiner Wahl zu wechseln. Der Kontakt zu der anderen Konfliktpartei wurde vermieden, der Konflikt wurde durch Gespräche im Familienkreis verarbeitet.

Ein weiterer interpersoneller Konflikt entstand, als Familienmitglieder IP7 den geplanten Wechsel in die Gemeinde seiner Wahl als Ungehorsam vorwarfen. IP7 blieb bei seiner selbstbestimmten Entscheidung und hat damit den Konflikt für sich beendet. Die Meinungsverschiedenheiten sind nicht ausgeräumt worden und beeinträchtigen IP7 nicht mehr.

IP7 ist in der neuen Gemeinde aktiv und fühlt sich wohl. Die Enttäuschungen über das Erlebte verblassen.

Das Erleben von IP7 ist geprägt von der Ausgangssituation, dass die bisherige Gemeinde am Zerfallen war und IP7 sich bereits mit dem Wechsel in eine für ihn attraktive, lebendige Gemeinde befasst und diesen Wechsel emotional vorbereitet hatte. Typische Reaktionen auf den Verlust emotionaler Heimat fehlen deshalb gänzlich. Ärger über das Fehlverhalten leitender Amtsträger im wenig wertschätzenden Umgang mit Gemeindemitgliedern, ein Konflikt mit dem bisherigen Gemeindevorsteher und Konflikte innerhalb der Familie, die aus unterschiedlichen Denk- und Verhaltensmustern der verschiedenen Generationen gespeist werden (vgl. Abschnitt 2.3.1), werden in ihrer negativen Auswirkung überlagert durch die positive Motivation, in einer lebendigen und zukunftsfähigen Gemeinde mitarbeiten zu können. Insofern hat IP7 durch die Gemeindeschließung selbst wenig verloren und viel gewonnen.

IP8 war bereits einige Zeit vor der Verkündung über den getroffenen Beschluss zur Schließung der Gemeinde informiert worden. Art und Zeitpunkt der Bekanntgabe, der völlige Mangel an seelsorgerischer Begleitung, administrative und kommunikative Mängel sowie die Nichtbeachtung der entstehenden Notwendigkeiten für die Gemeindemitglieder durch die prozessleitenden Amtsträger lösten bei IP8 heftige Emotionen und Unverständnis aus, ein Konflikt im eigentlichen Sinn entstand jedoch nicht, denn IP8 ließ sich nicht in seinem Wollen und Handeln beeinträchtigen.

IP8 folgte der Anweisung, in die von der Kirchenleitung bestimmte Gemeinde zu wechseln, nicht. Er wechselte mit seiner Familie in die Gemeinde, die er als für sich und die Familie passend erachtete. Ihm wurde dieses Abweichen von einer Vorgabe der Kirchenleitung zwar von Anderen vorgeworfen, ein Konflikt entstand dadurch aber auch nicht, denn auch diese Vorwürfe stellten für IP8 keine Beeinträchtigung seines Willens oder Denkens dar. IP8 ist letztlich dankbar für den Wechsel, denn er fühlt sich in der neuen Gemeinde wohl, was in der alten nicht immer der Fall war. Er ist in der Gemeinde aktiv, nach einer Übergangszeit auch wieder als Amtsträger.

Für IP8 gilt Ähnliches, wie schon in dem Fall von IP7 festgestellt. Allerdings ist hier neben dem persönlichen Gewinn durch die Mitgliedschaft in einer aktiven und für ihn bereichernden Gemeinde auch eine deutliche Veränderung in seiner Erwartungshaltung gegenüber dem Verhalten und den Eigenschaften (einiger) leitender Amtsträger zu verzeichnen. Er geht nicht mehr davon aus, dass diese ernsthaft bemüht sind, den Anforderungen, die heute auch von der NAK an die Führungsverantwortlichen gestellt werden, gerecht zu werden.[149] Welche konkreten Konsequenzen diese Veränderung für das persönliche Leben von IP8 innerhalb der Gemeinde und der NAK und für seine Wirkung als Amtsträger der NAK haben wird, bleibt abzuwarten.

IP9: Den Beschluss zur Schließung der Gemeinde und dessen Begründung hielt IP9 für falsch und war überzeugt, die bessere Lösung für die Gemeinde sei die Rücknahme des Beschlusses. IP9 empfand bei Wahrnehmung der entstandenen emotional aufgeladenen und konfliktreichen Situation bei anderen Gemeindemitgliedern die persönliche Aufgabe, die Mitchristen zu trösten, ihnen beizustehen und die Sicherheit zu vermitteln, dass auch diese Situation gottgewollt sei und zum Leben und der Entwicklung eines Christen gehöre. Durch diese Glaubensvorstellung trat ein möglicherweise entstehender Konflikt für IP9 völlig in den Hintergrund, durch die selbst erkannte Aufgabe wurde die Übergangszeit und der Wechsel in eine selbst gewählte andere Gemeinde wenig problematisch.

Auch dass die leitenden Amtsträger, die die Gemeinde über den Schließungsbeschluss und dessen Begründung informiert hatten, für diese Aufgabe weder geeignet noch vorbereitet oder geschult waren, löste bei IP9 eher Mitleid als Ärger aus.

IP9 erkennt in der Wahrnehmung, dass durch die Mitglieder der aufgelösten Gemeinde viele positive Impulse in die umliegenden Gemeinden getragen wurden, Gottes Walten, welches letztlich immer zum Segen führt (vgl. Titel in Abschnitt 4.6.9 mit Anmerkung).

---

[149] vgl. NAKI Leitbild, 2001

IP9 hat eine ganz bemerkenswerte und für ihn sehr produktive Strategie zur Bewältigung der entstandenen Konflikte entwickelt. Das Fehlverhalten der leitenden Amtsträger in Führung, Kommunikation und Information und die möglicherweise fehlende Sachkompetenz bei der Entscheidungsfindung wird wahrgenommen, aber als Prüfung Gottes für das eigene Leben, als Aufgabe zur Hilfestellung für andere Gemeindemitglieder und letztlich als Ausgangspunkt für eine positive Entwicklung in anderen Gemeinden interpretiert. Diese Wahrnehmung und Interpretation ist rational auch nicht widerlegbar, so könnte das in christlichem Verständnis des Wirkens Gottes, dessen Logik für den Menschen nicht nachvollziehbar ist und sein kann, tatsächlich von Gott gemeint und zugelassen sein. Hier muss rationale Interpretation die fundamentale Gottgläubigkeit eines Christen als ebenbürtig ansehen.

IP10: Der Beschluss der Kirchenleitung, die Gemeinde zu schließen, war und ist nach Ansicht von IP10 nicht nachvollziehbar begründet und falsch. Ein interpersonaler Konflikt zwischen IP10 und dem/den Entscheider(n) entstand, weil IP10 sich durch den Beschluss in seinem eigenen Wollen beeinträchtigt fühlte. Die Besorgnis einer Beeinträchtigung wog umso schwerer, als das Kind von IP10 bei Verwirklichung des Beschlusses aus einem bekannten und förderlichen sozialen Umfeld gerissen werden würde. Dieser Konflikt wurde gegenstandlos, als der Beschluss trotz erhobener Einwände realisiert wurde.

Ein intrapersonaler Konflikt blieb erhalten: Bei leitenden Amtsträgern erkannte Widersprüche zwischen deren Aussagen in Predigten und deren Handeln im Zusammenhang mit der Schließung führen zu einem Zwiespalt bei IP10, wenn diese Amtsträger in seiner jetzt gewählten Gemeinde predigen. Die Glaubwürdigkeit dieser Amtsträger ist insgesamt beschädigt.

IP10 hat die Schließung der Gemeinde zum Anlass genommen, seine ehrenamtliche Tätigkeit zu beenden, wobei die Schließung nicht der Grund für diese Entscheidung war.

IP10 ist heute Mitglied einer anderen Gemeinde der NAK und fühlt sich dort wohl. Die Wehmut über den Verlust der vorherigen besonders schönen Gemeinde verblasst.

Das schon bei anderen Fällen festgestellte Fehlverhalten leitender Amtsträger, die den Anforderungen der Kirchenleitung an Führungsverantwortliche nicht gerecht wurden, hat auch bei IP10 Spuren hinterlassen. Das frühere eher bedingungslose Vertrauen in die Lehraussagen ist einem hinterfragenden, auch zweifelnden Prüfen bei den Predigten dieser Amtsträger gewichen. Ob das negativ für IP10 sein muss, bleibe dahingestellt.

5.2 Gesamtschau

Die interviewten Mitglieder der NAK haben Konflikte ganz unterschiedlich erlebt und zum Teil bewältigt. Selbst in den stark reduzierten Feststellungen der einzelnen Abläufe in Abschnitt 5.1 wird sichtbar, dass zwar einige Konfliktgegenstände in mehreren Schilderungen auftauchen, z. B. die Schließung der Gemeinde an sich oder der Umgang leitender Amtsträger mit den Gemeindemitgliedern, dass jedoch trotz dieser vordergründigen Ähnlichkeiten ganz individuelle Prozesse der Konfliktbewältigung entstanden (man vergleiche nur die Verläufe bei IP4 und IP9). Zu den vordergründigen Konfliktgegenständen kamen teilweise ganz verschiedene, bereits bestehende Konflikte hinzu. Aufgestauter Ärger, Emotionen unterschiedlicher Art, bislang unterdrückte Aggressionen (besonders deutlich in der Schilderung von IP2), individuell unterschiedliche Sozialisierungen und andere Faktoren gestalteten die geschilderten Prozesse so verschieden, dass - wie schon in der theoretischen Voruntersuchung angenommen - auf die Forschungsfrage zehn Antworten gegeben werden mussten.

In der Gesamtschau werden einige Themenkreise deutlich, die die Verläufe der im Zusammenhang mit einer Gemeindeschließung entstandenen Konflikte stark beeinflussen. Sie sind wesentliche Faktoren, die die Konfliktverläufe so verschieden werden ließen. Die Suche nach anderen, z.B. in der Persönlichkeit der Interviewpartner selbst begründeten Faktoren wäre eine interessante Aufgabe für eine weitere Forschungsarbeit.

Persönliche und historische Vorgeschichte

Die Art der Bindung an die Gemeinde, geprägt durch persönliche Erlebnisse und die Zeit der Sozialisierung in der neuapostolischen Kirchengemeinde, bestimmen auch die Art, wie die von einer Gemeindeschließung betroffenen Mitglieder diesen Vorgang erleben. Es mag Mitglieder geben, die noch in alter Tradition (vgl. Abschnitt 2.3.1) jede Entscheidung "von oben" als göttlich inspiriert ansehen und auch eine Gemeindeschließung nicht nur kritiklos, sondern auch problemlos hinnehmen. Das muss hier allerdings Vermutung bleiben, weil kein Interviewpartner diesem Muster entsprach. Nur aus den Berichten über das Verhalten anderer Gemeindemitglieder (z.B. im Bericht von IP4 und IP5, angedeutet aber auch bei IP7 und IP8) kann diese Vermutung gestützt werden.

Bei IP4 wird eine deutliche Spannung spürbar zwischen dieser Art der Sozialisierung und dem inzwischen bei ihm erfolgten Umdenken zur "Freiheit zu selbstständiger Lebensgestaltung" (Zitat aus Abschnitt 2.3.1, Abs. 3). Andere Interviewpartner (z.B. IP1, IP5, IP6 und IP8) können sehr gut trennen zwischen der Autorität einer Lehraussage und der einer organisatorischen Entscheidung und trafen ihre persönliche Entscheidungen eher rational.

Der Umstand, dass (wie von IP 4 und IP5 betont) der Beschluss zur Gemeindeschließung in einer Zeit getroffen wurde, in der die Situation in der Gemeinde bereits mit Konflikten belastet war, wirkte Konflikt verschärfend. Der Umstand, dass die Funktionsunfähigkeit der Gemeinde, die dann geschlossen wurde, für IP7 und IP8 absehbar war, ließ die Schließung selbst gar nicht erst zu einem Konfliktgegenstand werden. Der Umstand, dass IP5 und IP6 bereits eine gewisse innere Distanz zur Gemeinde wegen Problemen mit Aussagen der NAK zu Lehre und

Ökumene aufgebaut hatten, ließ die Gemeindeschließung nur zu einem von mehreren Entscheidungsgründen, nur zum Anlass für ihre Abwendung von der NAK werden. Auch für die Entscheidung von IP10, nicht mehr als Organist tätig zu sein, war die Gemeindeschließung nur Anlass, nicht Ursache.

An diesen Beispielen wird deutlich, dass die persönliche und historische Vorgeschichte wichtige Gründe dafür sind, dass bei gleichem Konfliktgegenstand die entstandenen Konflikte so unterschiedlich verliefen.

Der Umgang mit Kritik und Konflikten in der NAK

In Abschnitt 2.3.1 und teilweise in Abschnitt 2.3.2 ist der Umgang der mit Ärger, Kritik und Konflikten in Kirchen untersucht worden. Trotz einiger Versuche, in der NAK eine moderne Gesprächskultur einzuführen, in der Kritik als ein potentiell förderndes Element angesehen wird,[150] wird in Berichten der Interviewpartner (z.B. bei IP3, IP4, IP6) betont, dass Kritik an Entscheidungen der leitenden Amtsträger unerwünscht gewesen sei. Ein Konflikt, bei dem eine Konfliktpartei von vornherein die eigene Meinung nicht äußern soll, muss sich anders entwickeln als ein Konflikt mit einer offenen Gesprächskultur.

Im Zusammenhang mit Mediation als Verfahren zur Lösung von Konflikten halten DAHLHEIMER / FODOR solche Konflikte für nicht mediierbar, bei denen "*[...] eine Konfliktpartei partout gewinnen und die andere Seite über den Tisch ziehen will oder – beseelt durch einen göttlichen Funken – meint, im anderen das Böse ausrotten zu müssen [...]*".[151] An dieser im Zusammenhang dieser Arbeit bezeichnenden Aussage kann die Brisanz fehlender Bereitschaft, Kritik zu üben oder Kritik anzunehmen, für die Entwicklung der untersuchten Konflikte besonders deutlich erkannt werden.

150 vgl. dazu NAK MD Vision, 2008

151 Dahlheimer / Fodor, 2005, S. 367

Auch kritische Mitglieder können ein Gewinn für eine Kirche sein, wenn die Kirche Querdenker einlädt und nicht ausgrenzt. Modernere Vorstellungen von Kirche, Gemeinde, Gottes- und Menschenbild, z. B. in der Vision 2010/2014[152] oder in dem schon häufiger zitierten "Leitbild Dienen und Führen"[153] oder in den Vorstellungen von KAINZ nach einer "Renaissance der Seelsorge" in der NAK[154] brauchen Kirchenmitglieder, die mit konstruktiver Kritik Entwicklungen in den Gemeinden vorantreiben. Aus den Ergebnissen der empirischen Untersuchung ist nicht erkennbar, dass solche quer denkenden Mitglieder gesucht würden oder willkommen wären.

Die persönliche und fachliche Qualifikation verantwortlicher Amtsträger der NAK

Viele der in der theoretischen Voruntersuchung (zusammengefasst in Abschnitt 2.6) dargestellten Konflikt fördernden Schwachstellen der Struktur der NAK sind durch die Ergebnisse der empirischen Untersuchung überdeutlich bestätigt worden. Fachliche Qualifikation für die Entwicklung von Strategien, für zeitgemäße Kommunikation, für seelsorgliche Begleitung mündiger Christen und für effizientes Projektmanagement wird eben nicht durch die Ordination in ein geistliches Amt gegeben, sondern muss durch Aus- und Fortbildung erworben werden. Daran fehlte es den leitenden Amtsträgern in allen Fällen, was nach Abschnitt 2.4.5 zu erwarten war. Aus den Berichten der Amtsträger unter den Interviewpartnern (IP1, IP3 und IP8) kann entnommen werden, dass entsprechende Fortbildungen von der NAK auch nicht angeboten wurden.

Den Anforderungen, die die NAK selbst an Führungsverantwortliche stellt und 2001 in einem "Leitbild Dienen und Führen in der Neuapostolischen Kirche" veröffentlichte, wurden in den hier untersuchten

---

152 NAK MD Vision 2010/2014, 2008

153 NAKI Leitbild, 2001

154 Kainz, 2003

Fällen die leitenden Amtsträger weitgehend nicht gerecht.[155] Besonders im Leitbild geforderte Führungseigenschaften *wie "Offenheit, Ehrlichkeit, [...], Kommunikations- und Kritikfähigkeit, [...]"* wurden von den Interviewpartnern bei den leitenden Amtsträgern durchgängig vermisst (dazu mehr in den nächsten Absätzen).[156] *"Gegenseitige Achtung, Offenheit, Bescheidenheit und Verschwiegenheit sind Voraussetzung für eine gesegnete Zusammenarbeit [...]"*: Diese Ansprüche spiegeln sich nicht in den geschilderten Verhaltensweisen der Führungsverantwortlichen wider.[157] Dieses Ergebnis ist zehn Jahre nach der Veröffentlichung des Leitbildes, mit welchem die NAK *"eine einheitliche Grundlage für das Dienen und Führen innerhalb der Kirche schaffen"* wollte und *"das für alle verbindlich sein"* sollte, erstaunlich.[158] Es zeigt zumindest, wie langsam Veränderungen in Denk- und Verhaltensstrukturen ablaufen können.

Dass Konflikte bei jeder Schließung einer Kirchengemeinde auftreten können, ist vorhersehbar. Dass die Leiter und Seelsorger einer Kirche darauf intensiv vorbereitet sind und in geeigneter Weise den Mitgliedern Beistand und Begleitung anbieten und zuwenden können, muss in einer Kirche unverzichtbare Bedingung sein. Die NAK hat jedoch die Amtsträger, die im Zusammenhang mit einer Gemeindeschließung Ansprechpartner für betroffene Mitglieder sein sollten, erkennbar nicht auf diese Aufgabe vorbereitet (vgl. entsprechende Äußerungen bei IP1, IP2, IP7, IP8, IP9).

Ein besonderes Problem, welches nicht durch Aus- oder Fortbildung beseitigt werden könnte, ist eine mehrfach von den Interviewpartnern kritisierte Unehrlichkeit leitender Amtsträger. Verdecktes Handeln (so in der Schilderung von IP5), Doppelzüngigkeit (so bei IP3, IP4, IP5, IP6), aber auch mangelnde Offenheit (so in fast allen Berichten) wird kirchlichen Amtsträgern, von denen besonders ein Handeln nach

---

155 NAKI Leitbild, 2001

156 ebenda, S. 6

157 ebenda, S. 18

158 ebenda, S. 3

christlichen Grundsätzen (vgl. Abschnitt 2.3.2) erwartet wird, von den "einfachen" Gemeindemitgliedern besonders deutlich angelastet.

Für die NAK ist die Glaubwürdigkeit ihrer Repräsentanten bei ihren Mitgliedern von hoher Bedeutung. Der Verlust dieser Glaubwürdigkeit bedeutet auch einen Verlust an Zukunftsfähigkeit, denn nur glaubwürdige Repräsentanten können die Lehre der Kirche so vermitteln, dass diese Botschaft auch gläubig angenommen werden kann. In fast allen von den Interviewpartnern geschilderten Episoden haben leitende Amtsträger an Glaubwürdigkeit verloren (besonders bei IP4, IP5, IP6, abgeschwächt auch bei IP2, IP3, IP7, IP8 und IP9) - ein für die Zukunft der NAK bedenkliches Ergebnis.

Der Umgang der leitenden Amtsträger mit den Gemeinden und Gemeindemitgliedern

Gemeinden der NAK werden durch ehrenamtlich tätige Mitarbeiter aufgebaut, gepflegt und mit Leben erfüllt (vgl. dazu Abschnitte 2.2.3 und 2.2.5). Wenn eine Gemeinde geschlossen wird, wird für einen Teil der Mitglieder das Ergebnis eines erheblichen Einsatzes an Arbeitskraft und Lebenszeit sowie an finanziellen Zuwendungen gelöscht ("Ich fühle mich in meiner lebenslangen Arbeit im Werke Gottes [...] betrogen", so IP4. Aber auch bei IP2, IP5, IP7 und IP9 wird dieser Aspekt thematisiert.). In Erkenntnis dessen muss eine Kirchenleitung der NAK ganz besonderes Gewicht darauf legen, im Vorfeld einer Entscheidung diese Empfindungen der Gemeindemitglieder zu berücksichtigen. Das bedeutet, dass ganz besondere Anforderungen an die Offenheit, Vollständigkeit und enthaltene Wertschätzung der Kommunikation zwischen leitenden Amtsträgern und Gemeindemitgliedern gestellt werden müssen. Diese Anforderungen sind viel höher als die bei einer Schließung eines Wirtschaftsbetriebes (vgl. Abschnitt 2.1). Die Gemeinde darf im Denken leitender Amtsträger nicht nur eine beliebig verfügbare Organisationseinheit sein, sondern muss als sichtbare Kirche und Ziel kirchlicher Arbeit (vgl. Abschnitt 2.1.1) mit Behutsamkeit und Respekt behandelt werden.

In den Interviews wird jedoch durchgängig deutlich, dass Information und Kommunikation noch nicht einmal einem Standard entsprachen, der heute von der Leitung einer Kirche, die ihre Mitglieder als eigenverantwortliche und mündige Christen ansieht und ihnen entsprechend respektvoll begegnet, erwartet werden muss. Dieser Mangel wird von der Mehrheit der Interviewten als Konflikt fördernd oder sogar verursachend angesehen.

Dass in Folge dessen Interviewpartner, soweit sie sich nicht ganz von der NAK abwandten (IP5, IP6), in der neuen Gemeinde nicht mehr mitarbeiten (IP2), ihre Mitarbeit einschränken (IP3, IP10) oder sich mit keiner Gemeinde identifizieren (IP4), kann nicht verwundern. Für die NAK ist es jedoch existenziell notwendig, dass sich möglichst viele Mitglieder mit der jeweiligen Gemeinde identifizieren, sich in die Gemeinde einbringen und durch ihre ehrenamtliche Tätigkeit die Gemeinde mit Leben erfüllen. Nur so kann die Gemeinde attraktiv auch für zukünftige Mitglieder werden oder bleiben.

Die Planung und Durchführung der Gemeindeschließung durch die verantwortlichen Amtsträger der NAK

Der Beschluss, die Gemeinde zu schließen, wurde bei seiner Bekanntgabe für die Gemeinde weder verständlich noch nachvollziehbar begründet, das schildern sämtliche Interviewpartner. Der von IP2 geschilderte Ablauf stellt in der letzten Phase insofern eine Ausnahme dar, als sich hier eine Begründung für die tatsächliche Schließung der Gemeinde erübrigte. Durch die Ereignisse nach dem erstmaligen, dann zurück genommenen Beschluss war die Gemeinde schon unumkehrbar funktionsunfähig geworden, sodass die wenigen verbliebenen Gemeindemitglieder die Notwendigkeit der Schließung selbst erkannten (bei IP2). Das Fehlen einer qualifizierten und quantifiziert nachvollziehbaren Begründung wird jedoch von der Mehrheit der Interviewten als ausschlaggebend für entstandene Emotionen und Konflikte angesehen.

Die betroffenen Gemeindemitglieder wurden nicht in die Entscheidungsprozesse einbezogen. Interviewpartner (IP5, IP10, auch IP2 mit "mich ärgert es, wenn in der Kirche über meinen Kopf hinweg entschieden wird") hätten eine Beteiligung erwartet und fühlten sich von der Kirchenleitung übergangen. Allerdings ist eine solche Erwartung in der NAK wohl eher unrealistisch (vgl. Abschnitt 2.3.3).

Eine Anordnung, in welche Gemeinde Mitglieder bei Schließung der bisherigen Gemeinde zu wechseln hätten, ist, wie die Untersuchung zeigte, doppelt kontraproduktiv: Mündige Christen in der heutigen Zeit lassen sich kaum noch solche Befehle geben und sie befolgen sie auch nicht. Eine Gemeindefusion, d.h. ein Zusammenlegen von zwei oder mehr Gemeinden zu einer neuen Gemeinde, hat tatsächlich in keinem Fall stattgefunden. Die geschlossenen Gemeinden haben sich aufgelöst, die Mitglieder sind entweder in verschiedene andere Gemeinden gewechselt, haben sich keiner Gemeinde angeschlossen oder haben sich ganz von der NAK distanziert. Zusätzliche Konflikte zwischen den "Gehorsamen" und den "Ungehorsamen" waren vorprogrammiert.

Eine qualifizierte Eingliederung der von der Gemeindeschließung betroffenen Mitglieder in die neue Gemeinde wird von Interviewpartnern vermisst (so bei IP1, sehr deutlich bei IP2, deutlich bei IP8, angedeutet bei IP9).

Pläne und Strategien der Kirchenleitungen wurden in den untersuchten Fällen den Gemeinden nicht dargestellt und Begründungen nicht nachvollziehbar geliefert, deshalb soll und kann hier nicht über die Qualität oder die Existenz solcher Pläne gemutmaßt werden.

<u>Die seelsorgerliche und beratende Begleitung der betroffenen Gemeindemitglieder</u>

"Alle Mitglieder der Neuapostolischen Kirche haben Anspruch auf eine individuelle seelsorgerische Betreuung. Dazu gehört das persönliche Gespräch über Glaubens- und Lebensfragen ebenso wie der Beistand in besonderen Lebensla-

gen."[159] Diese Vorgabe von NAKI ist anspruchsvoll, weil alle Seelsorger Laien sind und keine Fortbildung für die Aufgabe als Seelsorger haben.[160]

Der Mangel an qualifizierten Seelsorgern zeigte sich in den Analysen der Interviews:

Den Betroffenen wurde keine qualifizierte seelsorgerische Begleitung angeboten. Die Angebote eines Apostels, für Einzelgespräche zur Verfügung zu stehen (IP3, angedeutet auch bei IP9), zeugen von dessen seelsorgerischer Qualität. Ein Einzelner hat jedoch auch bei bestem Wollen nicht die zeitliche Kapazität, alle seelsorgebedürftigen Mitglieder einer zu schließenden Gemeinde zu begleiten. Eine Vorbereitung und Schulung der in den Gemeinden zur Verfügung stehenden Amtsträger auf die zu erwartenden Emotionen und Reaktionen der Gemeindemitglieder hat nicht stattgefunden. Die Interviewpartner sehen diesen Mangel durchgängig als erheblich an (besonders deutlich bei IP8, festgestellt in allen Berichten). Die Erwartungshaltung an die NAK in Sachen Seelsorge und Begleitung in den und durch die Kirche verursachten Problemen und Konflikten ist bei vielen Interviewpartnern erkennbar nicht sehr hoch, wie aus den nüchternen Reaktionen auf die Interviewfrage (vgl. Frage X in Abschnitt 4.3.2) nach der Begleitung zu erkennen ist.

Die Einheitlichkeit von Lehraussagen

Interpersonale Konflikte, die entstanden, weil Mitglieder mit unterschiedlichen Denkmustern zusammenstießen (hier "Gehorsam" gegen "Eigenverantwortlichkeit"), sind Ergebnis einer uneinheitlichen Lehre in der NAK. Beide Denkmuster sind Ausprägungen einer durch die Lehre der Kirche geformten Sozialisierung. Es gab und gibt in der NAK leitende Amtsträger, die mit Berufung auf ihre göttliche Sendung Gehorsam in allen Dingen predigen und einfordern und ggf. für den Fall der

159 NAKI Seelsorge, 2011

160 ebenda unter dem Stichwort "Seelsorger sind Laien"

Zuwiderhandlung mit Entzug göttlichen Segens drohen (vgl. Abschnitte 2.2.6 und 2.3.1). Wer dieser Lehre glaubt, hat subjektiv Recht, wenn er Gehorsam leistet und den, der anders denkt oder handelt, als irrend betrachtet. Es gibt jedoch auch in der NAK leitende Amtsträger, die die Eigenverantwortlichkeit des mündigen Christen lehren und den Segen Gottes nicht vom Einhalten organisatorischer Entscheidungen abhängig machen (vgl. Abschnitte 2.2.6 und 2.3.1). Bei dem dieser Lehre Glaubenden entwickelt sich ein anders Denkmuster als bei dem vorher beschriebenen Mitchristen. Aus diesem Kontrast entstanden dann die in der empirischen Untersuchung gefundenen Konflikte mit den Stichworten "Rotte Korach" (IP4), "Ungehorsam" (IP7) oder "Fahnenflucht" (IP8), die auch von IP5 und IP6 erwähnt wurden. Solche Konflikte können nur durch deutliche und einheitliche Lehraussagen oder durch deutliche Trennung zwischen Lehraussagen und organisatorischen Entscheidungen vermieden werden.

5.3 Zusammenfassung

Die in der theoretischen Voruntersuchung erwartete Komplexität der Konfliktabläufe wurde in den Ergebnissen der empirischen Untersuchung wiedergefunden. Auf diese komplexen und ganz individuellen Konflikte waren die leitenden Amtsträger der NAK nicht vorbereitet. Die Interviewpartner haben die entstandenen Konflikte zum Teil ganz unterschiedlich bewältigt, zum Teil blieben die Konflikte bestehen.

Die hierarchische Struktur der NAK und die daraus abgeleiteten Denkmuster der leitenden Amtsträger verhinderten in den untersuchten Fällen ergebnisoffene Diskussionen der Gemeindemitglieder mit den Führungsverantwortlichen. Ein Umdenken bei den Führungsverantwortlichen der NAK nach den Vorgaben des 2001 veröffentlichten Leitbildes "Dienen und Führen" der NAK hat im Wesentlichen nicht stattgefunden, sodass in den untersuchten Fällen auch häufig "alte" und "neue" Denkmuster (vgl. Abschnitte 2.2.6 und 2.3.1) aufeinander prallten und

Konflikte verschärften. Die in Abschnitt 2.6 dargestellten Erwartungen wurden in vollem Umfang in der empirischen Untersuchung bestätigt.

Die NAK befindet sich tatsächlich bei den hier untersuchten Schließungen von Kirchengemeinden in einem "Teufelskreis".[98] Jede Gemeindeschließung wird einen Verlust an aktiven Mitgliedern bewirken. Wenn die Kirche "sich aus der Fläche zurückzieht", wird längerfristig "die Fläche" für die Kirche verloren gehen. Dieses Dilemma der Kirche ist deutlich geworden, als in den Interviews auf die entstehenden Transportprobleme, besonders für ältere Menschen, hingewiesen wurde. Aber auch die abnehmende Bindung von Mitgliedern an eine Gemeinde ist bedenklich, besonders wenn einige Mitglieder wegen erneuter Gemeindeschließung innerhalb weniger Jahre zwei- oder mehrmals die Gemeinde wechseln müssen.

Dieser unvermeidliche Substanzverlust bei jeder Gemeindeschließung wurde allerdings in den hier untersuchten Einzelfällen entscheidend durch Fehler in der Durchführung der Projekte verstärkt. Durch erhebliche Mängel der Konzepte, der Kommunikation und der Information, durch das Fehlen der Seelsorge und Beratung bei den auftretenden Konflikten wurden bei jeder der geschilderten Episoden Konflikte verschärft und hinterließen auch bei den Mitgliedern, die sich nicht von der NAK abgewendet haben, Veränderungen in ihrem Verhältnis zu Kirche und Gemeinde. Gemeindeschließungen haben nach den Berichten der Interviewpartner (IP1, IP2 mit "ich finde es schlimm, dass jetzt ein Viertel der Mitglieder nicht mehr kommt", IP4 mit "Pyrrhussieg für den Apostel. Er hat gesiegt, aber die Anderen sind weg", IP 5 und IP6) direkt zu Verlusten an Mitgliedern für die NAK geführt. In Verbindung mit der Erwartung der Arbeitsgruppe Demographie, dass gerade bei den Jugendlichen (Altersgruppe 14-25) bis zum Jahr 2020 ein Mitgliederverlust von bis zu 50% durch die Abwendung dieser Mitglieder von der NAK eintreten wird[161], wird der akute Mitgliederverlust bei einer Gemeindeschließung für die Existenz von Gemeinden der NAK bedrohlich

161 Arbeitsgruppe Demographie, 2008, S. 99

und wird zusätzlich das Sinken der finanziellen Zuwendungen der Mitglieder an die Kirche beschleunigen. Das wiederum wird neue Gemeindeschließungen notwendig machen. Ob die NAK in Westeuropa diese Abwärtsspirale unterbrechen kann, bleibt abzuwarten.

In Verbindung der Aussagen der Interviewpartner über emotionale und faktische Reaktionen anderer betroffener Gemeindemitglieder (z.B. bei IP1 oder IP4) mit dem jeweils eigenen Erleben und einigen Absagebegründungen (vgl. Abschnitt 4.2.3) kann die begründete Vermutung abgeleitet werden, dass etliche soziale Konflikte unter der Oberfläche weiter existieren oder sich in inneren Konflikten verfestigt haben. Das zu untersuchen wäre nach Ansicht des Verfassers ein interessantes Forschungsvorhaben für Sozialpsychologen oder ähnlich ausgebildete Fachleute. Es hat sich bei der empirischen Untersuchung auch herausgestellt, dass die soziologischen Strukturen und Zusammenhänge in den Kirchengemeinden der NAK weitgehend unerforscht und von den Kirchenleitungen der NAK unbeachtet sind.

6 Ausblick

Die Entwicklung der Gemeindemitglieder von führungsbedürftigen Menschen zu selbstständigen und eigenverantwortlichen Christen hat in den Kirchenleitungen keine angemessene Veränderung des Führungsverhaltens bewirkt.

Dass auch weiterhin Schließungen von Kirchengemeinden in Westeuropa notwendig sind oder werden, kann als sicher angenommen werden. Um dabei nicht nur Schaden für die Kirche zu minimieren oder zu vermeiden, sondern möglicherweise sogar die verbleibenden Gemeinden attraktiv und zukunftsfähig gestalten zu können, werden einige Empfehlungen aus den Ergebnissen dieser Arbeit abgeleitet:

I. Insbesondere die leitenden Amtsträger müssten die Grundsätze des Leitbildes "Dienen und Führen" der NAK (NAKI Leitbild, 2001) verinnerlicht haben und den Gemeindemitgliedern aus Überzeugung respektvoll begegnen.

II. Das Erarbeiten einer zukunftsfähigen regionalen Gemeindestruktur sollte offen und mit Beteiligung aller Gemeinden stattfinden. Diese Beteiligung sollte nicht durch die Mitarbeit eines von der Kirchenleitung bestimmten Mitarbeiters (z.B. des Gemeindevorstehers), weil dessen fachliche Qualifikation im Regelfall nicht ausreicht, sondern durch ein kleines Team, welches offen von der Gemeindeversammlung bestimmt wird und entsprechend qualifiziert ist, geleistet werden. Mit einer solchen Beteiligung würde die spätere Akzeptanz in den Gemeinden deutlich verbessert werden.

III. Vor einer Entscheidung sollten die Ergebnisse der Strukturplanung und alle Hintergründe, die zu diesen Ergebnissen geführt haben, allen regional beteiligten Gemeinden präsentiert werden. Das müsste durch in Kommunikation geschulte Menschen (ohne Rücksicht auf Geschlecht oder Amtsstufe) geschehen, die durch das jeweilige Gemeindeteam unterstützt werden.

IV. Wenn finanzielle Gründe wesentlich zur Ergebnisfindung beigetragen haben, müssten die Gründe so transparent kommuniziert werden, dass die Gemeindeglieder verstehen, dass die Schließung einer bestimmten Gemeinde zwingend und in den Fakten, die dieser Gemeinde zugeordnet werden können, begründet ist. Es reicht z.B. nicht, von "Kosten pro Sitzplatz" zu sprechen oder von "Auslastung", das sind Planungswerte, die nur für konzeptionelle Rechnungen einen gewissen Wert haben.

V. Einwände, Vorschläge und Argumente, die aus den Gemeinden kommen, sollten ernst genommen und bei der Entscheidungsfindung berücksichtigt werden.

VI. Wenn dann eine Entscheidung getroffen ist, müsste diese mit allen dazugehörigen Argumenten erneut den regional beteiligten Gemeinden vorgetragen werden.

VII. Eine Anordnung oder Empfehlung, in welche Gemeinde die Mitglieder einer zu schließenden Gemeinde zu wechseln hätten, sollte grundsätzlich unterbleiben. Aus den Untersuchungsergebnissen dieser Arbeit kann abgeleitet werden, dass solche Anordnungen Konflikt fördernd und zudem wirkungslos sind. Dass mit dieser These langfristige Strukturplanungen erschwert werden, wird nicht übersehen. Es wiegt aber schwerer, dass solche Anordnungen regelmäßig zu Fehlplanungen führen, weil sie nur von einer nicht planbaren Teilmenge der Mitglieder befolgt werden.

VIII. Die Seelsorger aller regional betroffenen Gemeinden (nicht nur der zu schließenden) müssten sorgfältig auf die zu erwartenden Konflikte vorbereitet und für diese geschult werden.

IX. Schließung und Neubeginn müssten in allen regional betroffenen Gemeinden sorgfältig vorbereitet und würdig gestaltet werden.

Es sollte von den Kirchenleitungen der NAK intensiv und ergebnisoffen untersucht werden, welche Gründe dazu führen, dass sich Mitglieder von der NAK verstärkt abwenden. Den Rückgang der Menge der aktiven Mitglieder allein oder im Wesentlichen auf demographische Faktoren zurückzuführen, wäre kurzsichtig und der Dramatik der Situation der NAK nicht angemessen. Wenn sich verstärkt Jugendliche von der Kirche abwenden, muss nach den Ursachen gesucht und an einem Wandel gearbeitet werden. Die in dieser Arbeit festgestellten Probleme sind nur einige Symptome der Krise, in der sich die NAK in Westeuropa befindet. Ratschläge zu anderen Problemkreisen geben zu können, maßt sich der Verfasser allerdings nicht an.

Exkurs: Handlungsfelder für Mediation bei Konflikten im Zusammenhang mit Zentralisierungsprozessen in der NAK

Aus den Ergebnissen der empirischen Untersuchung, die in Abschnitt 5 dargestellt wurden, soll abgeleitet werden, ob und ggf. welche Handlungsfelder für den Einsatz der Mediation als Instrument zur Bewältigung von Konflikten, die zwischen von der Schließung einer Kirchengemeinde betroffenen Mitgliedern und anderen Konfliktparteien entstehen, erkennbar sind.

I Erfahrungen mit Mediation aus der Praxis der Kirchen

Mediation als "modernes" Verfahren der Konfliktbewältigung wird auch von Kirchen- und Gemeindeleitungen häufig erkannt und sogar institutionalisiert. Seit einigen Jahren bietet z.B. die ELKB unter dem Namen "kokon" (für "konstruktiv im Konflikt") eine Einrichtungshilfe für Mediation in geeigneten Konfliktsituationen an. In dem Orientierungsrahmen werden als erprobte Einsatzfelder genannt: Streitschlichtung in der Schule, Konflikt- und Mobbingberatung, Konfliktberatung im Rahmen der Gemeindeberatung.[162] Auch andere evangelische Kirchen haben Mediation in ihrem Beratungsangebot. Die RKK, Diözese Rottenburg-Stuttgart, bietet ebenfalls den Einsatz der Mediation in kirchlichen Arbeitsfeldern an und schreibt im Orientierungsrahmen " *Mediation ist besonders geeignet für Konfliktsituationen wie zum Beispiel: zwischen MitarbeiterInnen und MitarbeiterInnengruppen, zwischen Gemeinden und Gremien in der Seelsorgeeinheit, zwischen DienstgeberIn – DienstnehmerInnen, zwischen Vorgesetzter/m – MitarbeiterIn, zwischen hauptberuflichen und ehrenamtlichen MitarbeiterInnen, Kirchengemeinderat – Pastoralteam, bei Veränderungen von Arbeitsfeldern, zwischen Abteilungen einer Institution, in Betrieben,*

[162] ELKB Mediation, 2006, S. 5

Schulen, kirchlichen Einrichtungen, Verbänden".[163] Auch in anderen Diözesen der RKK sind Mediationsangebote entstanden, jedoch nicht mit Handlungsfeldern, die hier relevant sind (z.B. Erzdiözese Salzburg mit Familien-Mediation[164]). Recherchen bei anderen Kirchen stießen auf ähnliche oder keine Ergebnisse.

In der NAK gibt es ebenfalls Ansätze, z.B. durch die "Arbeitsgruppe Konfliktklärung und Mediation" in der NAK-Schweiz und der NAK-Österreich. Ein aktueller Flyer erschien im Herbst 2011. Bei der Vorstellung der Arbeitsgruppe und ihrer Aufgaben wurden Konflikte, die im Zusammenhang mit Gemeindeschließungen auftreten, konkret als nicht mediierte Konflikte bezeichnet.[165]

MATTIOLI stellt in ihrer Arbeit fest, dass die Kirchenstruktur entscheidend ist für die Chance, Konflikte innerhalb der Kirche durch Mediation zu lösen. Der Einsatz der Mediation in der RKK sei auch deshalb schwieriger, weil *die "Macht der strukturgebundenen Hierarchie die für die Mediation erforderliche Ergebnisoffenheit stark einschränkt"*.[166]

Der Bundesverband Mediation (BM) sieht Besonderheiten bei Konflikten in Kirchen, die sich auf den möglichen Einsatz der Mediation in Kirchen auswirken: "*Mehr noch als in nicht-kirchlichen Organisationen spielen bei Entscheidungen innerhalb kirchlicher Organisationen neben persönlichen auch ethische Grundhaltungen und Werteorientierungen wie z.B. Brüderlichkeit, Geschwisterlichkeit und Nächstenliebe eine wichtige Rolle. Vor diesem Hintergrund geht es bei Sachentscheidungen häufig nicht nur um die Sachentscheidungen allein, sondern Sachentscheidungen beinhalten oft auch die Fragen nach dem kirchlichen Auftrag, der kirchlichen Ausrichtung oder "Politik", letztlich nach Glaubensvorstellungen.*"[167]

---

[163] RKK Rottenburg Mediation, 2005, S. 9

[164] http://www.kirchen.net/beratung/ page.asp?id=17908; Abruf 10.10.2011

[165] NAK Schweiz/Österreich, 2011, S. 14

[166] Mattioli, 2007, S. 107

[167] BM Information 6, 2003, S. 2

Der BM schließt daraus, dass der Einsatz unparteiischer Mediatoren helfen könne, die verschiedenen Ebenen der Konflikte zu trennen und sichtbar zu machen.

Aus den vorstehend zitierten Unterlagen und den umfangreichen Recherchen sind Konflikte zwischen Kirchenleitung und Gemeinde bzw. Gemeindemitgliedern, wie sie in dieser Arbeit erkannt und beschrieben wurden, nicht als Handlungsfelder für Mediation enthalten. Bei synodal strukturierten Kirchen wie EKD oder EKÖ werden solche Konflikte wegen der von "unten nach oben" organisierten Legitimation der Handlungsvollmachten ohnehin zumindest theoretisch kaum auftreten können. Bei der hierarchisch strukturierten RKK sind solche Konflikte nicht vorgesehen, denn Beschlüsse über Regionalstrukturen werden vom Diözesanbischof als zuständiger Instanz getroffen.

Zwischenergebnis: Für den Einsatz der Mediation als Verfahren zur Bewältigung von den in dieser Arbeit untersuchten Konflikten ergaben sich aus dem Blick auf Erfahrungen anderer Kirchen keine Hinweise.

II Mediation im Konfliktumfeld der NAK

Mediation ist ein Verfahren zur Konfliktregelung zwischen mindestens zwei Parteien und "*zielt auf eine von den Streitparteien gemeinsam akzeptierte Regelung des Konfliktes*".[168] Für den Einsatz der Mediation als erfolgversprechendes Verfahren zur Konfliktbewältigung sind einige Grundvoraussetzungen zu erfüllen:[169]

A Die beteiligten Konfliktparteien müssen sich freiwillig auf eine Mediation einlassen.

B Alle Konfliktparteien müssen die notwendige Motivation für eine aktive Teilnahme am Mediationsprozess haben.

[168] G. Schwarz, 2005, S. 327

[169] dazu Breidenbach / Falk, 2005, S. 262

C Alle Konfliktparteien müssen das gemeinsame Ziel, eine einvernehmliche Regelung des Konfliktes unter Berücksichtigung der Interessen aller Parteien zu finden, verfolgen.

D Die Konfliktparteien müssen bereit sein, aktiv die Findung einer Konfliktlösung zu betreiben. Dazu "*haben die Beteiligten bis zu einem gewissen Grad bereit zu sein, der anderen Seite (auch vertrauliche) Informationen zukommen zu lassen bzw. möglichst hohe Transparenz hinsichtlich ihrer Bedürfnisse oder Interessen herzustellen*".[170]

E Die Konfliktparteien müssen den Mediationsprozess und die darin erhaltenen Informationen vertraulich behandeln, Verschwiegenheit garantieren.

An diesen notwendigen, wenn auch nicht hinreichenden, Voraussetzungen für eine erfolgversprechende Mediation soll die Einsatzmöglichkeit dieses Verfahrens geprüft werden.

Aus den bisherigen Ergebnissen der Arbeit können etliche Konfliktformen im Zusammenhang mit der Schließung von Kirchengemeinden benannt und einige andere vermutet werden. Dazu wird von der Klassifizierung in Abschnitt 3.1 ausgegangen.

Intrapersonale ("intra-persönliche"/"innere") **Konflikte**

Intrapersonale Konflikte, die im Zusammenhang mit einer Gemeindeschließung entstehen, können nicht mit dem Instrument "Mediation" bewältigt werden, denn es fehlt die zweite Konfliktpartei. Intrapersonale Konflikte haben eine große Bedeutung bei den in dieser Arbeit untersuchten Vorgängen. Es ist ureigenste Aufgabe einer Kirche, den Mitgliedern zur Bewältigung qualifizierte seelsorgerische Begleitung anzubieten. Sobald innere Konflikte Krankheitswert annehmen, ist psychotherapeutische oder psychiatrische Hilfe angemessen.

---

[170] Breidenbach / Falk, 2005, S. 263

Interpersonale (soziale) **Konflikte**

Interpersonale Konflikte sind bei Gemeindeschließungen häufig, das hat die bisherige Untersuchung ergeben. Es gibt interpersonale Konflikte, die von vornherein einer Mediation nicht zugänglich sind. Humorvoll und dennoch prägnant werden solche Konflikte von DAHLHEIMER / FODOR beschrieben: "*Wir halten Konflikte dann für nicht mediierbar,*

- *wenn eine Konfliktpartei partout gewinnen und die andere Seite über den Tisch ziehen will oder – beseelt durch einen göttlichen Funken – meint, im anderen das Böse ausrotten zu müssen bzw.*
- *wenn eine der beiden Konfliktparteien abhanden kommt (durch Flucht, Ableben oder andere unerfreuliche Ereignisse).*"[171]

Wenn im konkreten Fall die Kirchenleitung einen Beschluss zur Schließung einer Kirchengemeinde gefasst hat und diesen nicht zur Disposition stellt, ist eine Mediation unmöglich. Dieser Fall war in den meisten der untersuchten Fälle gegeben, die Konflikte zwischen Mitglied(ern) und Entscheider(n) begannen mit einer definitiven Entscheidung "von oben". Damit ist die Bedingung C der oben dargestellten Liste notwendiger Voraussetzungen, nämlich die gemeinsame Suche nach einer einvernehmlichen Lösung, nicht erfüllt. Das ist direkte Konsequenz der streng hierarchischen Struktur der NAK, bei der geistliche und funktionale Macht bei den Leitern der Gebietskirchen gebündelt sind.

Die Begriffe "Konfliktparteien" bzw. "Streitparteien" müssen in diesem Zusammenhang näher betrachtet werden. Bei einer Mediation sollen die beteiligten Parteien gemeinsam eine Lösung des Konfliktes erarbeiten. Eine Mediation soll regelmäßig mit einer verbindlichen Vereinbarung der Konfliktparteien enden.[172, 173] Dazu ist es erforderlich, dass die beteiligten Streitparteien auch befugt sind, eine einvernehmliche Lösung zu vereinbaren.[174] Solche dispositionsbefugte Parteien zu definie-

---

171 Dahlheimer / Fodor, 2005, S. 367

172 dazu auch Wurz, 2009, S. 6

173 auch Wiesinger, 2009, S.12

174 dazu auch Duve, 2004, S.166

ren und an einen Tisch zu bringen, stellt sich in der Praxis der NAK bei den untersuchten Konflikten als schwierig heraus. Die Ursache dieses Problems liegt einerseits in der realen Entscheidungsstruktur der Gliedkirchen, was an einem Beispiel erläutert werden soll: Der Präsident der NAK Österreich ist aus formaler Sicht befugt, eine Entscheidung über die Eröffnung oder die Schließung einer Kirchengemeinde zu treffen.[175] In der kirchlichen Realität erhält er jedoch Vorgaben von dem ihm kirchlich übergeordneten Bezirksapostel, derzeit der Schweizer Bezirksapostel. Dispositionsberechtigt für die Entscheidung einer Gemeindeschließung ist real der Bezirksapostel, formal der Präsident der NAK Österreich. Einer dieser beiden müsste als Streitpartei für eine Mediation zur Verfügung stehen. Keiner von beiden wird jedoch für die Vielzahl möglicher Mediationsverfahren die zeitliche Kapazität haben, die Überlastung dieser kirchenleitenden Amtsträger ist chronisch und bekannt.[176] Dass jedoch die Dispositionsbefugnis für eine Gemeindeschließung untergeordneten Funktions- oder Amtsträgern verbindlich erteilt wird, ist in der gegenwärtigen hierarchisch geprägten NAK kaum vorstellbar. Insofern steht regelmäßig schon eine Konfliktpartei nicht zur Verfügung.

Auf der anderen Seite ist eine Kirchengemeinde eine rechtlich unselbstständige Organisationseinheit. Sie ist auch nicht in ihrer Ansicht homogen. Wie in den Untersuchungen festgestellt, gibt es in jeder Gemeinde Mitglieder, die jede Entscheidung der leitenden Amtsträger akzeptieren, und andere, die das nicht ohne Weiteres tun. Die "Gemeinde" kommt also sowohl aus formalen als auch aus praktischen Gründen nicht als Konfliktpartei für eine Mediation in Frage. Es bleibt das einzelne Gemeindemitglied oder eine selbst organisierte Gruppe als mögliche Konfliktpartei übrig. Diese Partei wäre jedoch nicht dispositionsberechtigt. Für den Fall, dass die Gemeindeschließung selbst Konfliktgegenstand geworden ist, wird deshalb in der derzeitigen Konstellation der

---

175 NAK Österreich Verfassung, 1994, Art. 7

176 siehe dazu NAKI, Burnout, 2011

NAK eine Mediation schon aus diesen abstrakten Gründen keine Option für eine Konfliktbewältigung sein können.

Wenn allerdings eine Erarbeitung von regionalen Gemeindestrukturplänen nach den Empfehlungen, die in Abschnitt 6 dargestellt wurden, durchgeführt würde, könnte bei auftretenden Konflikten innerhalb der Planungsgruppe in bestimmten Eskalationsstufen der Einsatz eines neutralen Mediators durchaus sinnvoll sein. Die Erfüllung der notwendigen Bedingung D der oben dargestellten Voraussetzungen müsste allerdings erfüllt werden, d.h. die jeweilige Kirchenleitung müsste völlige Transparenz der finanziellen Daten für den jeweiligen Bereich herstellen und den Konfliktparteien diese Daten überlassen. Das widerspräche den strengen Regeln der Schweigepflicht, zu der die Amtsträger der NAK verpflichtet sind: "*Unter die Schweigepflicht fallen "... kirchliche Angelegenheiten - Finanzen, z.B. Gemeindeopfer ...*".[177] Ob eine Kirchenleitung der NAK eine Offenlegung detaillierter Finanzdaten zulassen würde, erscheint bei Betrachtung der heutigen Wirklichkeit in der Kirche eher unwahrscheinlich, jedoch nicht unmöglich.

Auch die Erfüllung der Bedingung E der oben dargestellten Liste notwendiger Voraussetzungen für eine Mediation erscheint dem Verfasser schwierig. Eine Mediation wird nur dann erfolgversprechend sein, wenn alle Konfliktparteien über alles, was in den Mediationsgesprächen besprochen wird, Stillschweigen bewahren. Eine solche Verschwiegenheit, insbesondere auch gegenüber vorgesetzten Amtsträgern, ist in der Wirklichkeit der NAK eine erst in jüngerer Zeit und nicht überall praktizierte Grundhaltung. Besonders Amtsträger sind häufig gewöhnt und auch aufgefordert, ihrem direkt vorgesetzten Amtsträger regelmäßig Bericht zu erstatten.[178]

Interpersonale Konflikte, die entstanden, weil Mitglieder mit unterschiedlichen Denkmustern zusammenstießen (hier "Gehorsam" gegen "Eigenverantwortlichkeit"), sind einer Mediation ebenfalls nicht zugäng-

---

177 NAKI, 1997, Schweigepflicht, S. 1

178 dazu auch NAKI, Seelsorgebesuch, 2006

lich. Beide Denkmuster sind Ausprägungen einer durch die Lehre der Kirche geformten Sozialisierung. Es gab und gibt in der NAK leitende Amtsträger, die mit Berufung auf ihre göttliche Sendung Gehorsam predigen und einfordern und ggf. für den Fall der Zuwiderhandlung mit Entzug göttlichen Segens drohen. Wer dieser Lehre glaubt, hat subjektiv Recht, wenn er Gehorsam leistet und den, der anders denkt oder handelt, als irrend betrachtet. Es gibt jedoch auch in der NAK leitende Amtsträger, die die Eigenverantwortlichkeit des mündigen Christen lehren und den Segen Gottes nicht vom Einhalten organisatorischer Entscheidungen abhängig machen. Bei dem dieser Lehre Glaubenden entwickelt sich ein anders Denkmuster als bei dem vorher beschriebenen Mitchristen. Aus diesem Kontrast entstanden dann die in der empirischen Untersuchung gefundenen Konflikte mit den Stichworten "Rotte Korach" (IP4), "Ungehorsam" (IP7) oder "Fahnenflucht" (IP8), die auch von IP5 und IP6 erwähnt wurden. Ein neutraler Mediator kann diese Gegensätze nicht überbücken helfen, weil es sich im Grundsatz um Lehrdifferenzen handelt. Solche Konflikte können nur durch deutliche und einheitliche Lehraussagen oder durch deutliche Trennung zwischen Lehraussagen und organisatorischen Entscheidungen vermieden werden.

Institutionelle Konflikte als Sonderfall der interpersonalen Konflikte

In den ausgewerteten Interviews sind einige institutionelle Konflikte angedeutet worden, Konflikte zwischen Kirchenleitung und anderen leitenden Amtsträgern mit dem Gegenstand der Gemeindeschließung an sich, aber auch über Verfahrensweisen in den Informations- und Abwicklungsprozessen im Zusammenhang mit Gemeindeschließungen. Dabei sollen leitende Amtsträger im Widerspruch zu der vorgesetzten Kirchenleitung eine Schließung abgelehnt haben, in anderen Fällen jedoch auch alternative Lösungsvorschläge gegen den Willen der Kirchenleitung blockiert haben. Diese Informationen vom Hörensagen können und sollen hier jedoch nicht untersucht werden.

Könnten solche Konflikte, wenn sie denn existierten, ein Handlungsfeld für Mediation sein? Die Argumentation des vorigen Abschnittes, in dem die Möglichkeiten des Einsatzes der Mediation bei interpersonalen Konflikten untersucht werden, soll hier nicht wiederholt werden. Aus den gleichen Gründen wie zuvor beschrieben ist die Mediation in der gegenwärtigen hierarchischen Struktur der NAK auch bei institutionellen Konflikten kein erfolgversprechendes Verfahren zur Konfliktbewältigung.

Ob es andere Konflikte, die nicht im Zusammenhang mit der Schließung von Kirchengemeinden entstehen, in der NAK gibt, für deren Lösung die Mediation eine geeignete Methode wäre, ist nicht Gegenstand dieser Arbeit und wird hier deshalb nicht untersucht.

III Ergebnis

Für die in den theoretischen Grundlagen beschriebenen und die in der empirischen Untersuchung gefundenen Konflikte im Zusammenhang mit der Schließung von Kirchengemeinden in der NAK lassen sich für Mediation als Verfahren zur Konfliktbewältigung keine wesentlichen Handlungsfelder erkennen.

Literaturverzeichnis / Quellenangaben

Literatur

Adam, A. & Altendorf, H.D. & Barion, H. & Grundmann, S. & Schaeder, H. & Smend, R. & Stengel, E.E.. Kirchenverfassung. In Paul Siebeck (Hg.), Digitale Bibliothek Band 12: Religion in Geschichte und Gegenwart, (S. 1 - 173; Sp. 17758 - 17930). Berlin: Directmedia (zitiert als Adam & al.)

Andresen, C., (1961). Gregor I. der Große. In Heinz Brunotte & Otto Weber (Hg.), Evangelisches Kirchenlexikon Bd. I, Sp. 1702 - 1704. Göttingen: Vandenhoek & Ruprecht

Bitz, Michael, (2002). Grundzüge der Betriebswirtschaftlehre II. Hagen: Fern-Universität, FB Wirtschaftswissenschaft

Breidenbach, Stephan & Falk, Gerhard, (2005). Einführung in Mediation. In Gerhard Falk & Peter Heintel & Ewald Krainz (Hg.), Handbuch Mediation und Konfliktmanagement, (S. 259 - 270). Wiesbaden: VS Verlag für Sozialwissenschaften

Coenen, L., (1962). Synode, Synodalverfassung. In Heinz Brunotte & Otto Weber (Hg.), Evangelisches Kirchenlexikon Bd. III, Sp. 1253 - 1257. Göttingen: Vandenhoek & Ruprecht

Dahl, Nils Alstrup, (1962). Kirche. In Heinz Brunotte & Otto Weber (Hg.), Evangelisches Kirchenlexikon Bd. II, Sp. 608 - 613. Göttingen: Vandenhoek & Ruprecht

Dahlheimer, Veronika & Fodor, Georg, (2005). Individuelle Konfliktgeschichte. In Gerhard Falk & Peter Heintel & Ewald Krainz (Hg.), Handbuch Mediation und Konfliktmanagement, (S. 365 - 370). Wiesbaden: VS Verlag für Sozialwissenschaften (zitiert als Dahlheimer / Fodor)

Duve, Christian, (2004). Eignungskriterien für die Mediation. In Martin Henssler & Ludwig Koch (Hg.), Mediation in der Anwaltspraxis, (S. 157 - 170). Bonn, Deutscher Anwaltverlag

Eggenberger, Oswald, (2000). Neuapostolische Gemeinde. In Paul Siebeck (Hg.), Digitale Bibliothek Band 12: Religion in Geschichte und Gegenwart, (S. 1 - 6; Sp. 23311 - 23316). Berlin: Directmedia

Fincke, Andreas, (1999). Die Neuapostolische Kirche im Umbruch. Berlin: EZW

Fincke, Andreas, (2007). "Und sie bewegt sich doch!" Neues von der Neuapostolischen Kirche. Berlin: EZW-Texte 193

Fincke, Andreas & Utsch, Michael, (2009). Die Neuapostolische Kirche, Kompakt-Infos der EZW. Berlin: EZW

Friebertshäuser, Barbara, (1997). Interviewtechniken - ein Überblick. In Barbara Friebertshäuser & Annedore Prengel (Hg.), Handbuch Qualitative Forschungsmethoden in der Erziehungswissenschaft, (S. 371 - 395). Weinheim und München: Juventa

Glasl, Friedrich, (2004). Konfliktmanagement : Ein Handbuch für Führungskräfte, Beraterinnen und Berater. Bern u.a.: Haupt u.a.

Hark, Helmut (1988). Religiöse Neurosen. Stuttgart: Kreuz Verlag

Hempelmann, Reinhard, (2010). Wie ökumenefähig ist die Neuapostolische Kirche? Materialdienst der EZW 1/2010, S. 5 - 10. Berlin: EZW

Hermelink, Jan & Latzel, Thorsten, (Hg.), (2008). Kirche empirisch : Ein Werkbuch zur vierten EKD-Erhebung über Kirchenmitgliedschaft und zu anderen empirischen Studien. Gütersloh: Gütersloher Verlagshaus

Jakob, Gisela, (1997). Das narrative Interview in der Biographieforschung. In Barbara Friebertshäuser & Annedore Prengel (Hg.), Handbuch Qualitative Forschungsmethoden in der Erziehungswissenschaft, (S. 445 - 458). Weinheim und München: Juventa

Jannasch, Wilhelm, (2000). Kirche, V. Praktisch - Theologisch . In Paul Siebeck (Hg.), Digitale Bibliothek Band 12: Religion in Geschichte und Gegenwart (S. 66-76; Sp. 17236 - 17148). Berlin: Directmedia

Jiranek, Heinz & Edmüller, Hans, (2007). Konfliktmanagement. Planegg: Rudolf Haufe Verlag

Klessmann, Michael, (1992). Ärger & Aggressionen in der Kirche. Göttingen: Vandenhoeck & Ruprecht

Krech, Hans & Kleiminger, Matthias, (Hg.), (2006). Handbuch Religiöse Gemeinschaften und Weltanschauungen (VELKD). Gütersloh: Gütersloher Verlagshaus

Küng, Hans, (1967). Die Kirche. Freiburg im Br.: Herder

Küng, Hans, (2004). Kleine Geschichte der katholischen Kirche. Berlin: Berliner Taschenbuch Verlag

Küng, Hans, (2007). Das Christentum. Wesen und Geschichte. München: Piper

Lell, Joachim, (1991). Kirche / Ekklesiologie. In Peter Eichel (Hg.), Neues Handbuch theologischer Grundbegriffe, Band 1, S. 104 - 142. München: Kösel

Margull, Jochen, (2000). Mission, III. Christliche Mission. In Paul Siebeck (Hg.), Digitale Bibliothek Band 12: Religion in Geschichte und Gegenwart, (S. 12 - 33; Sp. 21920 - 21931). Berlin: Directmedia

Martinek, Martina, (1998). Die Neuapostolische Kirche in Deutschland. Marburg: REMID

Mattioli, Maria, (2007). Mediation und Kirche. Stuttgart: ibidem

Mayring, Philipp, (2008). Qualitative Inhaltsanalyse. Weinheim und Basel: Beltz

Mette, Norbert, (1991). Caritas. In Peter Eichel (Hg.), Neues Handbuch theologischer Grundbegriffe, Band 1, S. 245 – 291. München: Kösel

Obst, Helmut, (1990). Apostel und Propheten der Neuzeit. Berlin: Union-Verlag

Obst, Helmut, (1996). Neuapostolische Kirche - die exklusive Endzeitkirche? Neukirchen-Vluyn: Neukirchener

Pfaff, Nicole, (2006). Seminar: Einführung in die qualitative erziehungswissenschaftliche Forschung. Thema: Das narrative Interview. www.erzwi ss.uni-halle.de/gliederung/paed/allgew/material/ws05_06/Narratives Interview.pdf., 2.7.2010

Pohl, Dieter, (2003). Konflikte in der Kirche - kompetent und kreativ lösen. Neukirchen-Vluyn: Neukirchener

Pongratz, Ludwig J., (1961). Psychologie menschlicher Konflikte. Göttingen: Verlag für Psychologie, Dr. C.J. Hogrefe.

Regnet, Erika, (1992). Konflikte in Organisationen. Göttingen und Stuttgart: Verlag für angewandte Psychologie

Rockenfelder, Gottfried, (1972). Geschichte der Neuapostolischen Kirche. Frankfurt am Main: Verlag Friedrich Bischoff

Runia, Klaas, (1998). Gemeinde/Kirche. In Helmut Burkhardt & Uwe Swarat (Hg.), Evangelisches Lexikon für Theologie und Gemeinde (S. 698 - 708). Wuppertal: R. Brockhaus Verlag

Schröter, Johannes A., (2004). Die Katholisch-apostolischen Gemeinden in Deutschland und der "Fall Geyer". Marburg: Tectum-Verlag

Schütze, Fritz (1983). Biographieforschung und narratives Interview. In Neue Praxis, 13(3), (S. 283-293). http://www.ssoar.info/ssoar/files/2009/950/schuetze-biographieforschung_und_narratives_interview.pdf, 2.7.2010

Schwarz, Anna, (2009). Qualitative Datenerhebung mittels offener Interviews. http:// www.kuwi.europa-uni.de/de/lehrstuhl/vs/polsoz/lehre/lehre-ws09/methoden-empirie/vorl26112009sw.pdf, 2.7.2010 (zitiert als A. Schwarz)

Schwarz, Gerhard, (2005). Konfliktmanagement. Wiesbaden: Betriebswirtschaftlicher Verlag Dr. Th. Gabler (zitiert als G. Schwarz)

Schweizer, Adrian, (1999). Sie irren sich, Herr Kollege. Beitrag zu Mediation, 18. Tagung in Luxemburg der DACH, Europäische Anwaltsvereinigung. Köln: Verlag Dr. Otto Schmidt und Zürich: Schulthess Polygraphischer Verlag

Singer, Herta, (2005). Konfliktmanagement (BasisBibliothek Gemeindeleitung Band 2). Gütersloh: Gütersloher Verlagshaus

Stockmayer, Johannes, (2004). Selig sind die Friedensstifter : Konflikttraining für christliche Führungskräfte. Bonn: Verlag für Kultur und Wissenschaft

Werpers, Katja, (1999). Konflikte in Organisationen. Münster: Waxmann

Weinmann, Karl, (1963). 100 Jahre Neuapostolische Kirche. Frankfurt am Main: Verlag Friedrich Bischoff

Wiesinger, Stefan, (2009). Verhandlungs- und Kommunikationstechniken - Vertiefung und Konfliktmanagementmethoden. Skriptum zum Lehrgang "Mediation Konfliktregelung". Wien: ARGE Bildungsmanagement

Winterhoff, Klaus, (1998). Synode, Synodalverfassung. In Helmut Burkhardt & Uwe Swarat (Hg.), Evangelisches Lexikon für Theologie und Gemeinde (S. 1952). Wuppertal: R. Brockhaus Verlag

Wolf, Ernst: Kirchenordnungen; II. Ev. Kirchenordnungen. In Paul Siebeck (Hg.), Digitale Bibliothek Band 12: Religion in Geschichte und Gegenwart, (S. 5 - 9; Sp. 17654 - 17658) Berlin: Directmedia

Wurz, Barbara, (2009), Mediation in Wirtschaft und Arbeitswelt. Skriptum zum Lehrgang "Mediation Konfliktregelung". Wien: ARGE Bildungsmanagement

Sonstige Quellen

Arbeitsgruppe Demografie der neuapostolischen Kirche (Hrsg.), (2008). Zur Entwicklung der Mitgliederbestandszahlen der NAK-Gebietskirchen in Deutschland. Kircheninterne Studie, Version 30. August 2008. Internes Dokument der NAK.

Die Bibel nach der Übersetzung Martin Luthers in der Revidierten Fassung von 1984, (1999), Deutsche Bibelgesellschaft (Hg.). Stuttgart: Herausgeber (zitiert als LÜ 84)

Bundesverband Mediation e.V. (BM), (Hrsg.), (2003). Information 6: Mediation in der Kirche. Kassel: Herausgeber. http://www.bmev.de/uploads/media/mediation-kirche.pdf, 30.10.2010 (zitiert als BM Information 6)

Bundesrepublik Deutschland, Grundgesetz, (2010). http://www.bundestag.de/dokumente/rechtsgrundlagen/grundgesetz/, 1.6.2011

Bundesverfassung der Schweizerischen Eidgenossenschaft vom 18. April 1999, (2011). http://www.admin.ch/ch/d/sr/1/101.de.pdf, 1.6.2011

Bundesverfassungsgesetz der Republik Österreich, (2008). http://www.verfassungen.de/at/verfassungheute.htm, 1.6.2011

DER SPIEGEL. Extrem streng. Ausgabe 44/1995, S. 76 - 84. Hamburg: Spiegel Verlag

Evangelische Kirche in Österreich (EKÖ), (2010). Zahlen & Fakten. http://www.evang.at/kirche/zahlen-fakten, 30.12.2010

Evang.-Luth. Kirche in Bayern (Arbeitsstelle für konstruktive Konfliktbearbeitung in der) (Hg.), (2006). Orientierungsrahmen für Mediation in der evangelisch-lutherischen Kirche in Bayern. Nürnberg: Herausgeber. http://www.arbeitsstelle-kokon.de/images/or-AG-Mediation.pdf, 30.10.2010 (zitiert als ELKB Mediation)

Kainz, Rudolf, (2003). Apostelbrief. Unsere Familie, Zeitschrift der Neuapostolischen Kirche, 18/2003. Frankfurt a.M.: Friedrich Bischoff

Konvention zum Schutze der Menschenrechte und Grundfreiheiten, (1950). http://www. staatsvertraege.de/emrk-i.htm, 12.10.2010

Leber, Wilhelm, (2006). Interview: Wir wollen durch unsere Lehre überzeugen. Unsere Familie, Zeitschrift der Neuapostolischen Kirche, 7/2006, S. 34 - 38. Frankfurt a.M.: Friedrich Bischoff

Leber, Wilhelm, (Hg.), (2011). Die Kirche Jesu Christi. Mitteilungen für Amtsträger der Neuapostolischen Kirche, Sonderausgabe Februar 2011, S. 2 - 8. Frankfurt a.M.: Friedrich Bischoff

Meintz, René, (2010). http://www.kirchenaustritt.de/Austria/#statistik, 30.12.2010

NAK D, (2010), Mitgliederzahlen Deutschland 2009, http://www.nak.de/zahlen.html/, 4.9.2010). (zitiert als NAK D Mitgliederzahlen)

NAK MD (Hg.), (2008). Vision 2010/14. http://www.nak-mitteldeutschland.de/entwicklungen/vision-201014/, 15.9.2010. (zitiert als NAK MD Vision)

NAK Niedersachsen (Hg.), (1999). Verfassung der Neuapostolischen Kirche Niedersachsen (gültig seit Januar 1999). http://www.nak-mitteldeutschland.de/kennenlernen/organisation/verfassung-der-nak-niedersachsen, 3.4.2011

NAK NRW (Hg.), 2007, Mitgliederbefragung. http://www.nak-nrw.de/aktuelles /berichte/071117_ergebnisse-der-mitgliederbefragung, 28.11.2010

NAK NRW (Hg.), 2011, Informationen IV. Quartal 2011. http://www.nak-nrw.de/cms/file/NNI/1104_NAK-NRW-Informationen.pdf, 27.11.2011

NAK Österreich (Hg.), (1994). Verfassung der Neuapostolischen Kirche in Österreich (gültig seit April 1994). Internes Dokument der NAK Österreich

NAK Österreich/Schweiz, (2011). PowerPoint - Präsentation der AG Konfliktklärung und Mediation. Internes Arbeitsdokument der NAK

NAK Schweiz (Hg.), (2011). Statuten der Neuapostolischen Kirche Schweiz (gültig seit Januar 2011), http://www.nak.ch/index.php?eID=tx_naw

securedl&u=b0&file=fileadmin/ch/Statuten_2011_November_2011.pdf&t=1321125860&hash=3461f8d112867c921b4b965726b86311, 11.11.2011

NAKI (Hg.), (1963). Richtlinien für Amtsträger. Frankfurt am Main: Friedrich Bischoff (zitiert als NAKI Richtlinien)

NAKI (Hg.), (1992). Fragen und Antworten über den neuapostolischen Glauben. Frankfurt am Main: Friedrich Bischoff (zitiert als NAKI Fragen und Antworten)

NAKI (Hg.), (1997), Hinweise zur Schweigepflicht. Internes Dokument der NAK

NAKI (Hg.), (2001), Empfehlungen für Gemeindezusammenführungen. Internes Dokument der NAK (zitiert als NAKI Empfehlungen)

NAKI (Hg.), (2001), Leitbild Dienen und Führen in der Neuapostolischen Kirche. Franfurt: Verlag Friedrich Bischoff (zitiert als NAKI Leitbild)

NAKI (Hg.) (2006). Der Seelsorgebesuch. Unterweisung für Amtsträger: Zürich: NAKI. Internes Dokument / Video der NAK (zitiert als NAKI Seelsorgebesuch)

NAKI (Hg.), (2010). Mitgliederzahlen der weltweiten Neuapostolischen Kirche 2009, http://www.nak.org/ge/news/nak-international/article/16710, 4.9.2010. (zitiert als NAKI Mitgliederzahlen)

NAKI (Hg.), (2010). Statuten der Neuapostolischen Kirche International (gültig seit September 2010). http://www.nak.org/fileadmin/download/pdf/Statuten_NAKI_2010/NAKI-Statuten_2010_D_WWW-Version_29._September_2010.pdf, 1.12.2010. (zitiert als NAKI Statuten)

NAKI (Hg.), (2010). Offizielle Verlautbarungen, http://www.nak.org/de/news/offizielle-verlautbarungen, 14.12.2010. (zitiert als NAKI Offizielle Verlautbarungen)

NAKI (Hg.), (2011). Thema der Herbsttagung der Bezirksapostel: "Burnout ist ein Chamäleon". http://www.nak.org/de/news/nak-international/article/17394/, 11.11.2011). (zitiert als NAKI Burnout)

NAKI (Hg.), (2011). Seelsorge. http://www.nak.org/de/kennenlernen/seel sorge/, 1.6.2011. (Zitiert als NAKI Seelsorge)

ÖRK (Ökumenischer Rat der Kirchen), (2006). Verfassung und Satzung des Ökumenischen Rates der Kirchen i.d.F. 23.02.2006 (wie von der 9. Vollversammlung, Porto Alegre, Brasilien, abgeändert). http://www.oi koumene.org/de/dokumentation/documents/oerk-vollversammlung/po rto-alegre-2006/1-erklaerungen-andere-angenommene-dokumente/instit utionelle-angelegenheiten/verfassung-und-satzung-des-oerk-wie-von-der-9-vollversammlung-abgeaendert.html, 6.8.2010. (zitiert als ÖRK Verfassung)

REMID (Hg.), (2010), Religionen in Deutschland: Mitgliederzahlen. http://www.remid.de/remid_info_zahlen.htm, 30.12.2010

RKK Diözese Rottenburg-Stuttgart: Institut für Fort- und Weiterbildung der kirchlichen Dienste in Zusammenarbeit mit der Arbeitsgemeinschaft Mediation (Hg.), (2005). Konflikte in der Kirche - Mediation in kirchlichen Arbeitsfeldern. Rottenburg: Herausgeber. http://www.drs.de/fileadmin/IF BW/Hofrichter/Mediation _Orientierungsrahmen.pdf, 30.10.2010. (zitiert als RKK Rottenburg Mediation)

RKK Erzdiözese Wien (Hg.), (1999). Leitbild der Erzdiözese Wien. http://www.erzdioezese-wien.at/edw/dokumente/leitbild.pdf, 15.8.2010

RKK Kongregation für die Glaubenslehre (Hg.), 2000. Erklärung "DOMINUS IESUS" über die Einzigkeit und die Heilsuniversalität Jesu Christi und der Kirche. http://www.vatican.va/roman_curia/congregations/cfaith/doc uments/rc_con_cfaith_doc_20000806_dominus-iesus_ge.html, 20.12.2011. (zitiert als RKK Dominus Iesus)

UN-Kinderrechtskonvention (KRK), (1989). http://www.kinderrechte.g v.at/home/un-konvention/versorgungsrechte/content.html, 12.10.2010

UNO Allgemeine Erklärung der Menschenrechte, (1948). http://www.unes co.de/erklaerung_menschenrechte.html, 12.10.2010

WAHRIG Fremdwörterlexikon, (2010). Gütersloh / München: Wissenmedia GmbH

Abkürzungsverzeichnis

AP	Apostel bzw. Bezirksapostel der NAK, Abkürzung in den Arbeitsdokumenten zu Abschnitt 4
AT	Amtsträger der NAK, Abkürzung in den Arbeitsdokumenten zu Abschnitt 4
BM	Bundesverband MEDIATION e.V., Kassel, Deutschland
EKD	Evangelische Kirche in Deutschland
EKÖ	Evangelische Kirche in Österreich
ELKB	Evangelisch-lutherische Kirche in Bayern
EZW	Evangelische Zentralstelle für Weltanschauungsfragen, Berlin, Deutschland
IP	Interviewpartner, Abkürzung in Abschnitt 4 und 5
K. d. ö. R.	Körperschaft des öffentlichen Rechts in Deutschland
KL	Kirchenleitung, Abkürzung in den Arbeitsdokumenten zu Abschnitt 4
LAT	Leitender Amtsträger, Abkürzung in den Arbeitsdokumenten zu Abschnitt 4
LÜ84	Die Bibel nach der Übersetzung Martin Luthers in der Revidierten Fassung von 1984
NAK	Neuapostolische Kirche, Sammelbegriff ohne Bezug auf eine bestimmte Organisationseinheit
NAK D	Neuapostolische Kirche in Deutschland, Sammelbegriff für die Gebietskirchen der NAK auf dem Gebiet der Bundesrepublik Deutschland
NAK MD	Neuapostolische Kirche in Mitteldeutschland, Sammelbegriff für die gemeinsam geleiteten Gebietskirchen der NAK Niedersachsen K.d.ö.R., Sachsen-Anhalt K.d.ö.R. und Sachsen/Thüringen K.d.ö.R.
NAK NRW	Neuapostolische Kirche Nordrhein-Westfalen. K.d.ö.R.

NAKI	Neuapostolische Kirche International, Zürich, Schweiz
NRW	Bundesland Nordrhein-Westfalen in der Bundesrepublik Deutschland
ÖRK	Ökumenischer Rat der Kirchen
REMID	Religionswissenschaftlicher Medien- und Informationsdienst e.V., Marburg, Deutschland
RKK	Römisch-Katholische Kirche, Sammelbegriff ohne Bezug auf eine bestimmte Organisationseinheit

***ibidem*-Verlag**
Melchiorstr. 15
D-70439 Stuttgart
info@ibidem-verlag.de

www.ibidem-verlag.de
www.ibidem.eu
www.edition-noema.de
www.autorenbetreuung.de

Zeitfracht Medien GmbH
Ferdinand-Jühlke-Straße 7
99095 Erfurt, Deutschland
produktsicherheit@kolibri360.de